VOYAGE
DANS
LES ÉTATS-UNIS
D'AMÉRIQUE.

VOYAGE
DANS
LES ÉTATS-UNIS
D'AMÉRIQUE,
FAIT EN 1795, 1796 ET 1797.

PAR LA ROCHEFOUCAULD-LIANCOURT.

TOME HUITIÈME.

A PARIS,

Chez { DU PONT, Imprimeur-Libraire, rue de la Loi, N.° 1231.
BUISSON, Libraire, rue Haute-feuille.
CHARLES POUGENS, Libraire, rue St-Thomas du Louvre.

L'AN VII DE LA RÉPUBLIQUE.

TABLE
DU HUITIÈME VOLUME.

SUITE DES OBSERVATIONS GÉNÉRALES SUR LES ÉTATS-UNIS.

VOYAGE

VOYAGE
DANS
LES ÉTATS-UNIS
D'AMÉRIQUE.

SUITE DES
OBSERVATIONS GÉNÉRALES
SUR LES ÉTATS-UNIS.

Commerce des États-Unis. Exportation, tonnage, etc.

On a pu prendre dans l'article précédent une idée du commerce des États-Unis, considéré d'aprés les notices qu'en donnent les registres des douanes.

Une autre manière de juger l'avantage des opérations commerciales entre deux États, est le prix des lettres-de-change. Celles des États-Unis sur Londres à soixante jours de vue, ont été toujours au moins de deux pour cent au-dessus du pair, à la seule exception du mois de novembre 1792, où elles furent au pair; et depuis elles ont été à six et jusqu'à neuf pour cent au-dessus.

Le commerce des États-Unis peut avoir quelques avantages de balance avec d'autres nations, mais ils ne sauraient approcher du désavantage qu'il éprouve avec l'Angleterre, et cela seulement en raison des objets manufacturés que l'Angleterre fournit.

Ce système ruineux pour les facultés du peuple américain, est encore plus nuisible à ses mœurs. Le négociant des ports d'Amérique, qui tire des marchandises manufacturées chez l'étranger, cherche naturellement à en accroître la consommation, puisqu'elle accroît ses profits; il les répand dans l'intérieur, et aussi loin qu'il peut en espérer la vente; le goût pour les marchandises étrangères pénètre dans les terres éloignées avec leur introduction.

Il n'est pas de point si reculé dans les États-Unis, et jusques dans les bois, où l'on ne trouve un, et souvent plusieurs *stores*, magasins établis de marchandises étrangères, qui se vuident et se remplissent de nouveau deux fois l'année, et dont les propriétaires font une prompte fortune.

Les manufactures domestiques ne suffisent plus seules au goût du luxe qu'amène la vue de ces objets, plus jolis, plus brillans, plus à la mode dans les grandes villes.

Une femme, un jeune garçon ne paraîtraient pas le dimanche à l'église sans être parés d'une robe, d'une veste, d'un chapeau, fabriqués en Europe, et qu'ils payent jusqu'à soixante pour cent plus cher que dans les boutiques de Philadelphie ou de New-Yorck.

Le goût du luxe entraîne celui de la dépense, et avec elle l'imprévoyance; il est ainsi un obstacle au bonheur complet dont ce peuple est appelé à jouir. On peut comparer l'introduction de ces marchandises étrangères dans l'intérieur des terres, à l'introduction du rhum et du wiskey parmi les Indiens; elle a le même motif, et produit les mêmes effets.

Cette abondante introduction dans les États-Unis des marchandises manufacturées en Angleterre, a son origine très-naturelle dans l'habitude qu'avaient les mêmes États, quand ils étaient colonies anglaises, de les recevoir de leur métropole, dont l'intérêt était d'entretenir ainsi l'activité de ses manufactures, et qui en sa qualité de métropole avait tous les moyens de forcer cette introduction.

On sent qu'aprés la révolution, les habitans aisés des villes américaines ont dû conserver l'habitude et le goût des étoffes et des meubles anglais ; et que l'intérêt des commerçans d'Angleterre a été d'entretenir cette habitude : ce qui leur était d'autant plus facile, que les anciennes maisons américaines ayant presque toutes été dispersées par la révolution, les négocians américains n'étaient presque tous à cette époque que des agens des maisons anglaises. Cet état des choses est donc ce qu'il devait être, puisque la législation n'a mis à cet égard aucun obstacle au cours des habitudes et des intérêts particuliers.

Avec plus de sagesse et de prévoyance, il semble que le gouvernement des États-Unis aurait interdit toutes marchandises étrangères de luxe, manufacturées, ou au moins les aurait taxées très-chèrement, aussi haut que l'auraient permis les circonstances, sans trop encourager la contrebande.

Elles ont bien été interdites pendant la révolution, et chacun était vêtu, quoique beaucoup de bras fussent alors distraits du travail par le service de l'armée, par les inquiétudes et les malheurs qui accompagnent toujours la guerre, et la population est presque doublée depuis cette époque. Le besoin eût à l'instant étendu les manufactures domestiques, et en eut promptement établi de nationales; elles auraient dans le principe donné des produits grossiers; les gens trop difficiles pour s'en contenter, auraient alors pu se procurer des marchandises étrangères, en les payant le double ou le triple de leur valeur réelle, mais les quatre-vingt-dix-neuvièmes des habitans se seraient fort bien accoutumés aux fabriques du pays, puisqu'ils n'auraient pas pu se procurer aisément le travail des autres, les manufactures domestiques se seraient donc assez promptement perfectionnées.

La navigation occupant moins de bras, l'agriculture en eût eu plus à sa disposition. L'augmentation des troupeaux, aujourd'hui très-rares en Amérique, eut été une des conséquences de l'entretien des manufactures nationales, domestiques et autres.

Les ouvriers anglais, français, etc., travaillant aujourd'hui en Europe pour les marchandises exportées en Amérique, auraient apporté dans les États-Unis leur industrie, qui là les aurait mieux fait vivre.

Les États-Unis ne pouvaient pas craindre, que par cette prohibition des manufactures étrangères dans leurs ports, leurs propres produits ne trouvassent pas de débouché. Les produits des États-Unis sont de première nécessité, et plusieurs de ces produits ne se trouvent que dans leur territoire.

Quant à leur navigation, la pêcherie seule eût entretenu plus de matelots qu'ils n'en auront de long-tems besoin, à ce qu'il faut espérer, pour armer leurs bâtimens de guerre, et leur commerce n'en aurait pas été éteint. Sans doute, il eût été moins brillant, qu'on ne l'a vu depuis quelques années; mais il eût été plus solide.

L'Amérique aurait eu moins de crédit à l'étranger, mais ce crédit est sa ruine; elle aurait eu moins de richesses fictives, mais elle en aurait eu plus de réelles; elle aurait reçu moins d'immigrans à prétention de fortune, et plus à résolution de travail. Ces fortunes, qui éblouissent, ne se font qu'aux dépens de l'Amérique; elles en emportent l'argent, et n'y laissent que les habitudes européennes, j'ai pensé dire des vices.

La balance réelle du commerce aurait été à son avantage, et on a vu combien elle lui a été désavantageuse. Elle aurait eu moins de spéculations, et de spéculateurs, mais plus de mœurs; moins de luxe brillant, mais plus d'institutions républicaines. Ses relations avec l'étranger eussent été moins étendues; mais trouvant dans son enceinte de quoi se satisfaire, l'Amérique eût été réellement indépendante; enfin, elle se serait accrue chaque année d'un embonpoint substantiel, tandis que tout celui dont elle se vante, et dont on la complimente, n'est qu'apparent, n'est que bouffissure.

Sans doute les douanes auraient moins rapporté au trésor national; mais des taxes directes y eussent aisément suppléé; et si les États-Unis eussent suivi ce systême depuis leur révolution, leur propre industrie suffirait déjà presque entièrement à leurs besoins; tandis qu'aujourd'hui, à la fabrication près des chapeaux, et des cuirs, dont les matières premières naissent dans leur territoire, ils ne peuvent se passer de l'étranger.

Ils sont dépendans, et cette dépendance de besoins, qui s'accroîtra toujours à mesure que le goût du luxe, déjà très-actif en Amérique, deviendra plus fort encore, peut influer sur les déterminations politiques des États-Unis, et dès-lors les entraîner à de grandes erreurs, à des démarches tôt ou tard nuisibles à leurs intérêts.

Quelques manufactures de toiles à voile sont établies dans les États-Unis avec assez de succès, mais en petite quantité. Chaque année aussi, on tente quelque établissement de filatures, et même de fabriques de coton ; mais l'année suivante, ces établissemens tombent, et sans autre raison que la cherté de la main-d'œuvre, qui est elle-même une conséquence du système général des impositions.

J'ai parlé des exportations des différens États de l'Union, à mesure que mes voyages m'ont conduit dans ces différens États, et avec plus ou moins de détail, selon la nature des renseignemens que je pouvais m'en procurer. Les exportations du commerce général des États-Unis sont les résultats de celles des États particuliers ; en voici les totaux tels qu'ils ont été présentés annuellement au congrès par le secrétaire de la trésorerie.

Ce n'est que du 1er. septembre 1789, que le compte exact en a été tenu ; celui des années précédentes n'étant que partiel. Les années, pour cette sorte de comptes, commencent au 1er. octobre, et finissent au 30 septembre suivant.

Valeurs des exportations des États-Unis.

1791	19,012,040 dollars.
1792	20,753,097.
1793	26,109,572.
1794	33,026,233.
1795	47,989,472.
1796	67,064,097.

Ce tableau offre une augmentation progressive, telle peut-être qu'il n'en a jamais existé en aucun pays dans un intervalle aussi court. Mais c'est ici le cas de répéter, ce que j'ai dit presque toutes les fois que j'ai eu occasion de parler des exportations des différens États, que l'on se tromperait fortement, si l'on jugeait de l'accroissement des produits et des ressources des États-Unis, par cette énorme augmentation dans leurs exportations.

Les exportations sont composées,

1°. Des denrées du pays, qui quoiqu'augmentées à certains égards en quantité, le sont beaucoup plus en valeur, et quelques-unes de quarante pour cent, d'autres de cent, de deux cents, et de plus encore pour cent; et cela par les besoins de l'Europe, combinés avec l'état de guerre où elle était; ainsi le tableau de ces valeurs n'est pas à beaucoup près, le tableau exact de la véritable richesse du pays qui n'est le résultat que de l'augmentation dans la quantité des produits;

2°. L'état de guerre où sont plus ou moins depuis cinq années toutes les puissances commerçantes de l'Europe, tient leur commerce dans une inertie presque totale. Les États-Unis sont une espèce de dépôt temporaire des produits de tous les pays, et de beaucoup de leurs colonies, où avant la guerre les bâtimens américains n'avaient pas une liberté de commercer, à beaucoup près aussi étendue; les produits étrangers sont donc amenés dans les ports des États-Unis en beaucoup plus grande quantité que leurs besoins de consommation ne le demandent, et beaucoup plus grande aussi qu'ils n'y arriveraient, si l'Europe était en paix.

Les denrées excédant la consommation des États-Unis sont réexportées, et pourvoyent ou les États d'Europe, ou leurs colonies.

Cette augmentation d'exportation est donc dans ce rapport un indice encore moins certain de l'accroissement réel de la richesse des États-Unis, puisqu'elle est étrangère aux produits de leur territoire, et qu'encore elle n'est, ni ne peut être, que passagère. La comparaison des quantités des produits du territoire des États-Unis, exportés chaque année depuis six ans, ajoutera une preuve indubitable aux observations précédentes.

C'est encore sur les états présentés au congrès par le secrétaire de la trésorerie, que je fais ces relevés.

elevé des exportations des principaux articles des produits des États-Unis, pour les années 1791, 1792, 1793, 1794, 1795 et 1796.

MARCHANDISES.	ANNÉES					
	1791.	1792.	1793.	1794.	1795.	1796.
Potasse et Pearlasse........ Tonneaux.	6,354.	7,824.	6,117.	7,191.	4,990.	5,084.
Poisson sec et fumé........ Barrils.	383,237.	364,899.	372,825.	418,907.	400,818.	377,713.
— salé........ Barrils, de 50 à 60 livres.	57,424.	48,277.	45,440.	36,809.	55,999.	87,558.
Huile de baleine et autres poissons........ Gallons à 4 pintes.	447,323.	406,423.	512,780.	970,628.	810,524.	1,176,650.
Huile de spermacéti........ Gallons.	134,595.	63,385.	140,056.	82,493.	80,856.	164,045.
Côtes de baleine........ Livres.	124,829.	154,407.	202,620.	313,467.	410,664.	308,314.
Bougie de spermacéti........ Boîtes de 30 à 60 livres.	4,560.	3,938.	5,875.	5,162.	5,997.	4,438.
Tabac en feuilles........ Bariques de 1000 à 1200 livres.	....	112,428.	509,947.	80,158.	61,050.	69,018.
Tabac manufacturé........ Livres.	96,811.	127,916.	173,343.	56,785.	149,699.	296,227.
Graine de lin........ Tonneaux.	58,492.	52,381.	51,708.	38,620.	58,552.	51,100.
Bled........ Boisseaux de 64 livres.	1,018,339.	853,790.	1,450,575.	696,797.	141,273.	31,226.
Graine d'autres espèces........ Barrils de 180 livres.	2,046,419.	2,291,465.	1,354,570.	1,727,648.	2,187,831.	1,329,216.
Farine........ Barrils de 196 livres.	619,687.	824,464.	1,074,639.	828,405.	687,369.	725,194.
D°. de seigle, maïs et sarrazin........ Barrils de 180 livres.	101,313.	73,252.	97,815.	53,782.	108,191.	90,807.
Biscuit de mer........ Barrils.	100,279.	80,986.	76,653.	68,479.	71,331.	181,065.
D°........ Cagues.	15,346.	37,645.	43,306.	40,916.	37,462.	27,102.
Ris........ Tierces de 600 livres.	....	141,762.	134,611.	102,026.	138,526.	131,039.
Bœuf, porc, lard........ Barrils de 180 livres.	94,624.	120,017.	120,056.	156,072.	201,153.	167,526.
Beurre........ Pirkins de 50 à 100 livres.	16,666.	11,761.	9,190.	36,932.	28,389.	34,065.
Fromage........ Quintaux.	1,299.	1,259.	1,462.	5,769.	23,431.	17,352.
Oignons et pommes de terre........ Barrils.	64,683.	131,841.	289,747.	786,192.	695,559.	657,000.
Bétail à corne........ Quantités.	4,627.	4,551.	3,728.	3,495.	2,510.	4,625.
Chevaux et mules........ Quantités.	7,419.	6,557.	5,718.	3,445.	4,025.	7,001.
Cochons et moutons........ Quantités.	27,180.	33,444.	21,998.	14,990.	11,416.	12 993.
Peaux de bœufs, veaux et moutons........	704.	1,602.	978.	53,146.	26,865.	16,064.
Cuir........ Livres.	5,424.	19,536.	....	746,853.	1,819,224.	127,044.
Souliers et bottes........ Paires.	7,528.	9,254.	16,269.	99,009.	160,327.	220,724.
Suif........ Livres.	317,195.	152,622.	309,366.	130,012.	49,515.	187,403.
Chandelles........ Boîtes de 30 à 60 livres.	2,745.	3,997.	9,857.	20,381.	28,695.	66,579.
Provisions navales : Poix, térébentine, résine, brai, goudron, etc. etc........ Barrils de 300 livres.	....	146,909.	114,971.	72,552.	132,876.	138,346.
Fer........ Tonneaux de 2,200 livres.	4,553.	3,633.	2,879.	2,926.	3,572.	3,301.
(*) Indigo........ Livres.	....	858,996.	693,299.	391,997.	771,776.	915,635.
(*) Coton........ Livres.	189,316.	138,328.	1,706,600.	5,055,400.	10,111,921.	6,106,729.

(*) Ces deux derniers articles sont aussi depuis la guerre importés en grande quantité. Les comptes de la douane ne distinguent pas les quantités des produits des États-nis, d'avec celles qui sont le résultat des produits étrangers. On sait seulement que la culture de l'indigo est aujourd'hui presque réduite à rien en Caroline et en Géorgie, et e celle des cotons y est fort augmentée.

En examinant cet état avec attention, on verra,

1°. Que la quantité de l'exportation du bled est diminuée dans les États-Unis, et que l'augmentation de l'exportation des farines, qui résulte de la grande quantité de moulins qui successivement s'établissent, et celle des biscuits de mer, ne balance pas à beaucoup près cette diminution de l'exportation du bled. Celle-ci, dont je n'ai trouvé personne qui pût me donner une raison complettement satisfaisante, est due en partie au ravage qu'a fait dans plusieurs États la mouche hessoise, qui a fait abandonner cette culture, et à la plus grande quantité de terres cultivées en prairies. Mais encore une fois, la différence dans l'exportation du bled est trop grande pour être ainsi suffisamment expliquée, d'autant que dans beaucoup de nouveaux settlemens le bled se cultive au moins les premières années, et qu'en beaucoup de parties de la Virginie, des Carolines et du Maryland, la culture du bled a remplacé assez généralement celle du tabac et de l'indigo.

La consommation peut en être augmentée dans les grandes villes, par l'accroissement de leur population, et aussi dans certaines parties plus reculées des Etats où le défaut de moulins à bled rendait l'usage de la farine dè froment presque nul. Mais cette augmentation de consommation ne peut pas être bien grande ; car dans presque toutes les parties des États-Unis où le froment se cultive, les habitans vivent de pain de seigle, et encore plus de maïs.

2°. Que la quantité de l'exportation des grains, autres que le froment, c'est-à-dire le seigle, orge, est aussi diminuée, ce qui est dû à l'augmentatien des distilleries, qui quoique contrariée ces dernières années par le haut prix des grains, n'en est pas moins réelle et très-considérable depuis six ans.

3°. On verra que l'exportation du tabac en feuilles est très-diminuée, et que cette diminution n'est pas compensée par la grande augmentation des tabacs manufacturés ; parce qu'il est vrai, ainsi que je l'ai dit dans mon journal des États du Sud, que la culture du tabac est extrêmement diminuée.

4°. Que l'augmentation de la culture s'est portée sur celle des légumes, oignons, et pommes dè terre, et est considérable ; mais qu'elle s'est particulièrement tournée vers les prairies artificielles, et sur ce qu'on appelle en Angleterre et en Amérique *grazing farms*, (ferme destinée à élever des bestiaux) ; la différence énorme entre les exportations progressives depuis 1791 jusqu'à 1796, des fromages, beurre, suif et chandelles, et des souliers manufacturés, en est la preuve ; quoiqu'il soit vrai que les tanneries des Etats-Unis tirent une assez grande quantité de peaux de bœuf de la partie ci-devant espagnole de Saint-Domingue.

5o. On remarquera encore que les produits de la pêche sont fort augmentés dans les six dernières années. Mais la plupart de ces produits si considérablement accrus en quantité, sont par eux-mêmes, à ceux de la pêche de la baleine près, d'une valeur peu élevée ; et bien que la somme de toute leur valeur excède celle des valeurs des produits diminués en quantités, cette augmentation peut à peine être comptée dans la progression immense des valeurs générales des expottations estimées à dix-neuf millions douze mille quarante dollars en 1791, et à soixante-sept millions soixante-quatre mille quatrevingt-dix-sept dollars en 1796.

L'état ci-joint des exportations des produits étrangers prouvera combien grand est le rôle que joue cette branche de commerce dans l'exportation accrue des Etats-Unis.

Relevé des exportations des principaux articles des produits étrangers.

MARCHANDISES.	ANNÉES					
	1791.	1792.	1793.	1794.	1795.	1796.
Café.................. *Livres.*	962,977.	2,336,742.	....	....	....	62,385,117.
Cacao................ *Livres.*	8,322.	6,600.	200,691.	1,141,802.	525,442.	928,107.
Sucre non raffiné ... ... *Livres.*	74,504.	1,176,156.	4,539,809.	17,563,811.	21,999,889.	34,848,644.
Piments et poivre....... *Livres.*	142,193.	351,675.	128,616.	60,959.	543,664.	989,358.
Marchandises connues sous le nom de *drygoods*, étoffes de toute espèce, bas, papiers, etc. estimés en dollars............	29,367.	....	....	....	2,879,198.	6,554,346.
Nankins.............. *Pièces.*	7,072.	12,340.	10,972.	40,752.	186,526.	349,000.

Je joins ici le tableau des *drawbacks* pour la réexportation des produits étangers importés dans les États-Unis pendant les années 1793, 1794, 1795; je n'ai pu me les procurer pour les deux années précédentes, ni pour l'année 1796.

Je ne prétends pas donner par cet état une idée précise de la consommation de ces produits étrangers dans les États-Unis, parce que le droit de *drawback* étant accordé aux marchandises pour l'année entière après leur inscription dans les livres des douanes, il arrive que des objets qui ont payé des droits dans une année, et qui restent comme tels dans les recettes, ne sont réexportés que l'année suivante.

Cependant on peut se former, d'après ce tableau, une idée généralement vraie de la consommation de ces produits; et l'on y verra que la consommation des denrées coloniales est peu augmentée dans les États-Unis, tandis que celle des objets manufacturés en Angleterre l'est considérablement.

Relevé des droits payés sur certains produits étrangers, et des drawbacks *payés à leur réexportation, pour les années* 1793, 1794 *et* 1795.

MARCHANDISES.	ANNÉES					
	1793.		1794.		1795.	
	Droits payés.	Drawbacks.	Droits payés.	Drawbacks.	Droits payés.	Drawbacks.
Marchandises sèches, etc. (*)...	1,823,442.	9,065.	2,339,323.	19,506.	3,563,441.	85,780.
Café........................	1,396,652.	169,928.	1,680,163.	1,141,523.	2,694,902.	1,946,226.
Cacao.......................	29,182.	6,201.	54,542.	19,246.	73,576.	46,884.
Sucre non raffiné..............	660,350.	13,634.	727,332.	155,760.	970,888.	365,423.
Piments et Poivre.............	32,740.	3,814.	68,768.	5,362.	70,240.	39,134.

(*) Les nankins qui payent 13 p. % de droits d'importation, sont compris dans cet article.

Sans

Sans doute cet accroissement dans les exportations donne une grande augmentation d'activité au commerce ; sans doute encore le haussement de la valeur des denrées est une autre augmentation de richesse, mais elle ne doit être regardée que comme temporaire : et c'est peut-être ici le lieu de dire quelques mots sur la nature et la position du commerce des États-Unis.

Tant que les États-Unis ont été colonies anglaises, leur commerce était réglé par les intérêts et l'ambition de la métropole, et ne pouvait être considéré que comme un commerce absolument anglais. C'est à-peu-près le même cas où se trouve l'Irlande.

Le tableau présenté au parlement d'Angleterre, et que je joins ici, des importations et exportations des États de l'Amérique, pendant les onze dernières années qu'elles ont été colonies anglaises, prouvera combien est grande depuis cette époque l'augmentation du commerce des États-Unis.

Mais s'il est comparé avec les tableaux du commerce fait entre les États-Unis et l'Anterre, de 1792 à 1795, placés page 365 et 366 du volume précédent, il prouvera aussi combien les importations des manufactures anglaises dans les États-Unis sont augmentées depuis que ceux-ci sont devenus indépendans.

Ainsi l'augmentation du commerce des États-Unis, et par conséquent leur indépendance qu'on en doit regarder comme la principale cause, ont été d'un extrême avantage à l'Angleterre, qui ne leur en conserve pas moins un ressentiment dont elle aura toujours le desir de leur faire éprouver l'effet.

Loin de moi l'idée que la France doive, en s'appercevant de cette vérité, regretter un instant les efforts qu'elle a faits pour aider l'Amérique du Nord à faire reconnaître son indépendance. Ces efforts, fussent-ils même généralement méconnus aujourd'hui des États-Unis, n'en seraient pas moins un des traits les plus glorieux pour la générosité française. D'ailleurs, la France a eu, dans le commerce des États-Unis, une part qu'elle n'aurait jamais eue s'ils fussent réstés soumis à l'Angleterre ; une part qu'avec plus de conduite elle eût pu rendre beaucoup plus grande encore, et qu'avec des principes raisonnables, elle pourra sans doute accroître par la suite. Enfin ces grands services rendus par la France doivent, tant qu'il y aura de la morale dans les États-Unis, y laisser dans les esprits une disposition à l'amitié et à l'alliance avec les Français, que toutes les intrigues de l'Angleterre ne pourront jamais suspendre que passagèrement.

Etat

État de la valeur des importations de l'Amérique en Angleterre, pour onze ans, tel qu'il a été présenté au parlement d'Angleterre.

COLONIES.	ANNÉES										
	1763.	1764.	1765.	1766.	1767.	1768.	1769.	1770.	1771.	1772.	1773.
	liv. st.	liv. st.	liv. st.	liv. st.	liv. st.	liv. st.	liv. st.	liv. st.	liv. st.	liv. st.	liv. st.
Nouvelle-Angleterre...	71,253.	92,593.	150,690.	146,318.	132,694.	150,898.	133,788.	154,398.	158,218.	132,082.	128,003.
New-Yorck..........	53,988.	53,697.	54,959.	67,020.	61,422.	87,115.	70,466.	69,882.	95,875.	82,707.	76,246.
Pensylvanie..........	38,228.	36,258.	25,148.	26,851.	37,641.	59,406.	26,111.	28,109.	31,615.	29,133.	36,652.
Virginie et Maryland..	642,294.	559,408.	505,671.	460,754.	437,926.	406,048.	361,892.	435,094.	577,848.	528,404.	589,803.
Caroline..............	382,366.	341,727.	385,918.	291,519.	395,027.	508,108.	387,114.	278,907.	420,311.	425,923.	456,513.
TOTAUX......	1,188,129.	1,083,683.	1,122,386.	992,462.	1,064,710.	1,211,575.	979,371.	966,390.	1,283,867.	1,198,249.	1,287,217.

État de la valeur des exportations de l'Angleterre en Amérique pour les mêmes onze années.

COLONIES.	ANNÉES										
	1763.	1764.	1765.	1766.	1767.	1768.	1769.	1770.	1771.	1772.	1773.
	liv. st.	liv. st.	liv. st.	liv. st.	liv. st.	liv. st.	liv. st.	liv. st.	liv. st.	liv. st.	liv. st.
Nouvelle-Angleterre...	258,854.	462,573.	455,526.	424,727.	421,067.	426,549.	214,675.	400,511.	1,420,119.	826,394.	529,184.
New-Yorck..........	238,560.	515,416.	382,349.	330,829.	417,957.	482,930.	74,918.	475,991.	653,621.	343,970.	289,214.
Pensylvanie..........	284,152.	435,191.	363,368.	327,314.	371,830.	432,107.	199,909.	134,881.	728,744.	507,909.	426,448.
Virginie et Maryland ..	555,391.	515,192.	383,224.	372,548.	437,628.	475,954.	488,362.	717,782.	920,326.	793,910.	328,904.
Caroline...........	250,132.	305,808.	334,709.	296,732.	244,093.	289,868.	306,600.	146,273.	409,169.	449,610.	344,159.
TOTAUX.....	1,587,089.	2,234,180.	1,919,176.	1,752,150.	1,892,575.	2,107,408.	1,284,464.	1,875,438.	4,131,979.	2,921,793.	1,917,912.

Total des importations pour onze ans... 12,291,039. liv. st.
Frêt, assurance et bénéfice à 12 p. %..... 1,474,924.
13,765,963.

Terme moyen pour un an .... 1,251,451. = 5,562,004 $\frac{4}{5}$ dol

Total des exportations .... 23,734,164. liv. st.
Frêt, assurance et bénéfice à 12 p. %..... 2,848,099.
26,582,263.

Terme moyen pour un an............. 2,416,569. = 10,74,306 $\frac{4}{5}$ dol.

C'est à la paix par laquelle leur indépendance a été reconnue de l'Angleterre, que les États-Unis ont commencé à commercer sous leur propre pavillon. Mais la grande détresse où les laissait la guerre, et la faiblesse de leur confédération, rendaient encore leur commerce très-précaire.

Chaque État avait ses loix, ses prohibitions ses régulations particulières.

Les uns défendaient l'entrée dans leurs ports à certaines marchandises étrangères, auxquelles les autres ouvraient les leurs.

Les loix, les tarifs changeaient toutes les années, d'après des considérations du moment, et le résultat le plus positif de cet ordre de choses était une rivalité et une jalousie active entre les différens États.

C'est donc, à proprement parler, depuis l'adoption de la constitution nouvelle, que l'on peut donner au commerce des différens États de l'Amérique septentrionale, le nom de commerce des États-Unis.

Cependant on peut compter le principe de l'extension du commerce des États-Unis de la fin de l'année 1784. Alors un arrêt du conseil du roi de France ouvrit à leurs vaisseaux trois ports d'entrepôt à Saint-Domingue, où ils furent autorisés à porter du poisson salé, en payant un léger droit ; cet arrêt laissait aux administrateurs de l'île la faculté de leur permettre l'introduction des farines, quand les besoins le requerreraient.

Les bâtimens américaius n'avaient eu jusqu'alors que la permission d'apporter à Saint-Domingue des bois et des animaux vivans, et encore dans un seul port. Ils étaient restreints par le nouvel arrêt, comme précédemment, à ne prendre en retour que des syrops et des mélasses ; ainsi leur retour ne pouvait être, en suivant la lettre de l'édit, que d'une petite valeur ; mais l'admission des bâtimens américains dans trois ports de Saint-Domingue, leur rendait la contrebande plus facile, et ils en profitèrent.

Les Anglais apportaient bien dans les ports des États-Unis des sucres et des cafés de la Jamaïque, mais ils étaient sans concurrens, et ils les vendaient à haut prix. Les besoins des États-Unis en exigeaient une plus grande quantité, que celle qu'ils recevaient par l'Angleterre, et leur intérêt les stimulait à se les procurer directement.

Les farines, les marchandises sèches furent introduites frauduleusement dans l'île. Les sucres bruts et les cafés en furent frauduleusement exportés, et les retours commencèrent à devenir de quelqu'importance, quoique toujours fort restreints dans leur quantité par la fraude qu'il fallait employer pour les obtenir.

Mais bientôt ce commerce cessa d'être illicite. Les secousses violentes que donna la révolution française aux manufactures et au commerce de France, força cette puissance à ouvrir les ports de ses colonies aux bâtimens des puissances neutres.

Dès lors les Américains se sont emparés de tout le commerce des colonies françaises, qu'ils étaient tant à portée d'alimenter, et qui leur promettait un si grand profit.

Les autres puissances d'Europe, qui avaient aussi des colonies dans les Antilles, presque toutes successivement engagées dans la guerre, ont pareillement ouvert aux Américains les ports de leurs colonies, ou en ont au moins diminué beaucoup les prohibitions.

Ainsi le commerce des États-Unis a eu à la fois l'approvisionnement de toutes les colonies des Antilles et le commerce exclusif des colonies françaises et hollandaises, non seulement en provisions mais aussi en marchandises de toute espèce. Leurs bâtimens se sont trouvés chargés de porter dans les différens marchés de l'Europe les denrées coloniales et d'en rapporter en retour les objets nécessaires, et aux besoins des États-Unis et à ceux de ces mêmes colonies.

La nouvelle constitution des États-Unis s'est établie à l'époque du commencement de la révolution française, et peu après l'établissement de cette constitution s'est formé le nouveau systême des finances américaines par lequel la création des fonds de différentes espèces, la mise en vente des terres, et l'érection des banques, ont ouvert un vaste champ aux spéculations et aux entreprises commerciales. L'état de l'Europe a favorisé ces entreprises, elles se sont étendues, et le commerce des États-Unis a bientôt atteint les Indes orientales, la Chine, toutes les parties du monde connu; il y a fait des gains considérables.

Tel est en peu de mots le précis historique de l'aggrandissement prompt et énorme du commerce des États-Unis ; mais c'est précisément dans la promptitude de cet immense aggrandissement qu'on trouve le pronostic de son peu de durée.

La prospérité du commerce d'une nation ne peut être durable, si elle n'est pas fondée sur des bases solides ; et les bases solides du commerce d'une nation, sont les produits de son sol, de ses manufactures et de ses colonies, quand elle en a. Ce sont là seulement ses richesses permanentes, celles dont elle peut disposer seule; ses produits et leurs échanges sont les bornes naturelles de son commerce.

Si une nation, par des circonstances extraordinaires, étrangères à sa prospérité intérieure, telles par exemple que celles occasionnées par des troubles, des malheurs passagers des autres nations, prend un essor fort au-delà de ses moyens personnels, fort audessus de la situation où elle est par ses propres ressources, sa prospérité ne peut pas être de longue durée; un changement dans les circonstances extérieures, doit la ramener promptement à l'état naturel que lui assigne l'étendue ou la médiocrité de ses propres richesses. Telle est la situation du commerce des États-Unis de l'Amérique, que les troubles de l'Europe ont rendu florissante, mais que la tranquillité de cette même Europe doit ramener à son premier état.

Si les puissances européennes, déchirées par une guerre terrible, forcées d'y appliquer tous leurs moyens, incapables d'aller chercher elles-mêmes leurs besoins dans les ports étrangers, incapables même d'approvisionner leurs colonies, et d'en retirer directement les produits, se sont vues obligées de laisser aux pavillons neutres le commerce qu'elles ne pouvaient pas faire, peut-on croire qu'elles le leur ayent absolument abandonné ? N'est-il pas certain qu'elles se hâteront de reprendre aussi-tôt qu'elles le pourront, la part qu'elles avaient dans le commerce général, et qui leur appartient réellement, puisqu'elles ont tous les moyens personnels de l'alimenter.

En fait de commerce, une nation ne cède aux autres que ce qu'elle ne peut pas faire elle même, et en supposant même qu'elle leur accorde passagèrement des avantages, ce n'est que parce qu'elle y voit son propre intérêt; elle les leur retirera promptement sitôt qu'elle reconnaîtra que son intérêt est blessé par cette cession; des considérations politiques ou d'amicale alliance peuvent seules la faire agir autrement.

Nous ne sommes pas encore arrivés au tems où les nations reconnaissant dans une plus grande générosité de principes leur intérêt réel, abandonneront peut-être par un commun accord le commerce à une liberté absolue. Cette époque, si elle doit arriver, n'est pas prochaine encore; il n'est donc pas douteux que les puissances européennes, suivant le système accoutumé, reviendront aux restrictions prohibitives pour le commerce qui ne sera pas le leur, et réduiront ainsi les États-Unis d'Amérique au seul commerce qu'ils faisaient avant l'agitation de l'Europe.

Je ne prétends pas dire cependant que les États-Unis ne soient pas susceptibles d'accroissement dans leur commerce ; je suis loin de le penser ; l'étendue de leur territoire, la richesse de leur sol, l'industrie de leurs habitans, leur caractère hardi et entreprenant, leur population rapidement croissante, les grandes baies qui pénétrent dans leur pays, les belles et nombreuses rivières qui l'arrosent, la facilité d'ouvrir des canaux pour les faire communiquer entr'elles, et par elle des grands lacs à la mer atlantique et au golfe du Mexique, les appellent à un degré de prospérité qui doit, dans les siècles futures, rendre cette partie du monde rivale, et peut-être rivale heureuse de l'Europe.

Mais alors les États-Unis auront de riches produits de leur sol, des manufactures étendues, une grande abondance de ressources personnelles ; et tout cela ne peut avoir lieu que par une succession progressive de ces ressources, qu'après une longue suite d'années de paix, de tranquillité intérieure, enfin que par le tems et par gradation. Mais c'est du tems présent, des circonstances actuelles des États-Unis que je m'occupe, quand j'applique au subit aggrandissement de leur commerce cette incontestable vérité politique, que toute prospérité qui n'est pas le résultat de ressources personnelles, et qui ne tient qu'à des causes extraordinaires et étrangères, ne peut être considérée que comme passagère, et est plutôt nuisible que favorable à l'enrichissement du pays qui l'éprouve.

Cette vérité réelle pour toutes les nations a quelque chose de plus positif encore pour les nations absolument nouvelles et dont les maisons de commerce sont à peine établies, quand ces circonstances extraordinairement favorables se présentent à une extension considérable de leurs entreprises. Le malheur des individus commerçans auquel ils ne pourraient échapper que par une sagesse presque surnaturelle, ajoute beaucoup alors au danger que court la nation elle-même de la bouffissure temporaire de son commerce.

Avant la révolution française, les capitaux qui faisaient mouvoir le commerce des États-Unis étaient peu considérables, leur commerce étant très-borné; une partie même de ces capitaux était propriété anglaise, soit directement, soit comme créance, soit enfin comme crédit accordé aux maisons américaines par les maisons anglaises. Si les négocians américains eussent été assez prudens pour ne prendre dans l'énorme masse d'affaires que les circonstances subites leur offraient, que la part proportionnée à leurs capitaux et au crédit raisonnable que ces capitaux devaient leur obtenir, leurs entreprises eussent été beaucoup moins étendues, l'apparence de leur prospérité moins brillante, mais leurs succès eussent été plus solides et plus certains.

Ils n'ont au contraire vu aucune borne à leur ambition, et n'ont envisagé les affaires que dans le rapport des bénéfices énormes qu'elles présentaient; les spéculations sur les terres offraient alors un nouveau moyen à leur avidité, et indépendamment des gains qu'ils s'en promettaient par des reventes grandement avantageuses, ils y trouvaient encore un moyen de crédit, parce qu'ils n'avaient rien à payer de longtems pour leur acquisition, et qu'ils espéraient recevoir promptement quelque argent comptant des nouveaux acquéreurs, que l'état de l'Europe leur faisait espérer qu'ils émigreraient en foule vers les États-Unis, et chargés de capitaux.

Enfin l'établissement des banques, la multitude des effets publics leur offrait encore de grands moyens de crédit; et confians dans toutes ces espérances, ils se sont lancés sans réserve dans toutes les affaires qui leur donnaient la perspective de quelque gain. L'ardeur à entreprendre et la hardiesse qui, en entreprenant, ne considère aucun danger, est un des caractères remarquables du peuple américain, dans presque toutes les situations de la vie; c'est sans doute un principe de grandes qualités, et le moyen de grands succès; mais si la prudence dirigeait cette ardeur, et ce courage, elle les conduirait à des résultats plus sûrs, tandis que sans elle ces dispositions mènent à une ruine d'autant plus grande et d'autant plus inévitable, qu'elle n'a pas été prévue.

Qu'est-il arrivé aux négocians américains?

1°. Des délais naturels dans leurs expéditions; des rentrées souvent tardives, qui ne nuisant pas au commerce en général, nuisent beaucoup aux commerçans, lorsque loin de les calculer, ils ont pensé qu'elles n'auraient pas lieu, et ont pris des engagemens en conséquence de cette flatteuse opinion.

2°. La prise d'un grand nombre de leurs vaisseaux; d'abord par l'Angleterre, qui indépendamment de ses vues hostiles pour la France, satisfaisait, en s'en emparant, la jalousie que lui donnait la prospérité du commerce d'une nation, qu'elle n'a pas cessé encore de considérer comme une réunion de sujets rébelles ; et depuis par la France, qui voulant ainsi avant tout nuire au commerce anglais, exprimait son mécontentement de l'avantage donné sur elle à l'Angleterre par son ancienne alliée l'Amérique.

3°. Les spéculations sur les terres se sont trouvées erronnées. Le nombre de ceux qui s'offraient pour les acheter n'était dans aucune proportion avec le nombre de ceux qui voulaient en vendre, et qui étaient pressés de ce besoin.

4°. Les banques toutes multipliées qu'elles devenaient, ne pouvaient suffire aux demandes d'escomptes qui leur étaient faites de toute part ; par-conséquent elles n'escomptaient pas toutes les notes qui leur étaient présentées, et le plus long terme des notes qu'elles admettent ne surpasse pas soixante jours.

5°. Enfin les prix ont promptement baissé en Europe, fort au dessous de celui que les négocians américains spéculateurs avaient payé eux-mêmes pour les mêmes objets dans le territoire des États-Unis ; et cependant le terme des engagemens contractés pour mettre les bâtimens à la mer, n'en arrivait pas moins; l'époque de ceux pris pour la solde des terres, qui quelquefois pouvait recevoir quelque délai, ne finissait pas moins aussi par arriver; le payement des marchandises que les bas prix d'Europe empêchaient d'y envoyer, devait aussi être fait, et si quelque négociant avait reçu des sommes en consignation qui l'avaient mis en état d'agrandir ses opérations avec un peu plus de solidité, il fallait remettre les consignations quand elles étaient demandées, et l'état dangereux ou seulement précaire du commerce devait accélérer ce rappel des sommes consignées.

Tel est cependant le tableau de la situation où se sont trouvés et où se trouvent tous les jours plus encore les négocians américains, qui dans leurs entreprises se sont plutôt laissés entraîner par leur avidité, que guider par une prévoyante réflexion; et ceux-là sont en grand nombre.

Pour sortir de ces embarras, ou au moins pour essayer d'en sortir, on sent que les moyens doivent être très-difficiles, qu'ils exigent de grands sacrifices.

Voici en général ceux que l'on emploie.

D'abord la demande faite à quelque ami de son crédit pour trente ou soixante jours.

Mais il n'est pas commun à un négociant américain qui fait cette demande, de ne point trouver dans son ami le même besoin; alors on se fait réciproquement des notes à soixante jours de vue; on essaye de les faire escompter à quelque banque, qui souvent est hors d'état de le faire par la grande disproportion de la quantité des demandes pareilles avec ses moyens.

On met donc ces notes chez l'agent de change qui, selon le besoin de la place et le nom de l'endosseur, les vend à deux et trois, et quelquefois quatre et cinq pour cent par mois d'escompte.

Ces notes sont ensuite déposées à la banque par l'acheteur; et il faut bien alors les payer à leur échéance : car plus de crédit, plus de possibilité d'escompte pour le négociant dont un billet déposé à la banque serait protesté.

On essaye encore d'en obtenir d'autres dont on tire le parti que l'on a tiré des premiers.

Mais il ne faut pas trop multiplier les notes, leur renouvellement trop répété peut influer sur le crédit qu'il est important de ne pas laisser échapper tout-à-fait : alors on achette des lettres-de-change sur Londres à terme, et on les vend comptant au-dessous du pair; c'est un moyen de se procurer de l'argent.

On achette des denrées au plus long terme que l'on peut obtenir; on les charge pour l'étranger; et dans ce cas, on tire dessus suivant les besoins, les négocians de Londres autorisant les consignateurs à se prévaloir sur eux des deux tiers du montant des consignations, en leur remettant les connaissemens, et leur commettant l'assurance.

Si ces moyens manquent, le négociant pressé envoye ses marchandises, lorsqu'il en a, à des encans publics, ou bien il se procure à haut prix des marchandises sèches à un terme de cinq à six mois, et les fait vendre à la vente publique, souvent à la perte de vingt-cinq ou trente pour cent.

Quelquefois il cherche, en bâtissant des maisons ou en faisant quelqu'autre grande dépense d'éclat, à en imposer au crédit sur l'état de ses affaires qui s'en trouvent très-empirées.

Tels sont en partie les moyens onéreux que prend le négociant trompé dans ses spéculations, pour prolonger son existence commerciale. Mais ces moyens ne font qu'assurer plus inévitablement sa ruine; il finit par ne pouvoir plus s'en défendre, et souvent la maison que la veille on croyait riche de trois à quatre cents mille dollars, ne présentera peut-être pas le lendemain quatre schellings pour livre, ou vingt pour cent à ses créanciers.

Il est vrai que l'exemple n'est pas bien rare de négocians qui avant de déclarer leur banqueroute

queroute, soustraient à leurs créanciers une grande partie de leurs fonds par des cessions faites à leurs femmes, à leurs enfans, par des fonds gardés en porte-feuille ; et de ceux aussi qui, discrédités dans les affaires, font acheter secrètement sur la place, et avec leur argent en réserve, leurs propres billets qui perdent cinquante ou soixante pour cent.

Ces derniers, en faisant une banqueroute réelle, et même frauduleuse, en évitent le nom, et reparaissent le lendemain dans les affaires, avec un crédit d'autant plus certain, que leur opération est plus connue ; car, alors on leur suppose une fortune.

Quant à celui qui a déclaré sa banqueroute, dès qu'il a livré les restes de sa fortune à ses créanciers, il est libre par la loi, et quoique dans quelques Etats la loi donne à ses créanciers droit sur sa fortune future, jusqu'à la valeur de ce qu'ils ont perdu sur leurs créances, il échappe facilement à cette disposition, en ne mettant pas au jour les profits qu'il peut faire avec les sommes qu'il a conservées, ou en faisant, sous un autre nom, ses nouvelles opérations.

Toutes ces funestes et honteuses opérations sont des conséquences naturelles des spéculations témérairement entreprises, et faites sans un capital proportionné, et ce ne sont pas les seules. L'inexactitude des payemens d'un négociant en Amérique, inspire sans doute de la défiance à ceux qui auraient à traiter avec lui; mais elle ne lui inspire à lui même aucune honte, et altère peu sa réputation, si même elle l'altère.

Le négociant qui a suspendu ses payemens, celui dont les billets sont protestés, n'en est pas moins reçu à la *Bourse*, dans les sociétés, dans les emplois publics, même les plus distingués; il est généralement considéré comme un homme qui a mal joué, qui a joué malheureusement.

La fréquence de ces exemples, l'intérêt commun, l'opinion générale où l'on est en Amérique, que chacun n'a rien de plus nécessaire à faire que de chercher à gagner de l'argent, donnent, je ne dirai pas cette tolérance, mais cette indifférence dans le jugement.

Ainsi, quand le négociant en Europe a pour guide dans sa conduite commerciale sa probité personnelle et la conservation de l'honneur, du crédit, de la réputation de son nom, le négociant américain n'a pour frein que sa propre honnêteté, que l'estime de lui-même, que sa conscience; et quoique ce frein soit sans doute le plus puissant, quand il existe, il faut malheureusement convenir qu'il n'est pas le plus commun.

Aussi peut-on dire que les négocians d'Amérique, qui, prudens et prévoyans dans leurs opérations, modérés dans l'usage de leur crédit, ont constamment maintenu l'exactitude dans leurs payemens, et l'honneur dans leurs transactions, sont, par cette raison, dignes d'une estime particulière, puisqu'ils sont en exception aux mœurs générales.

Il ne faut pas croire cependant que cette exception soit très-rare. Il y a en Amérique un grand nombre de maisons, soit américaines, soit anglaises ou françaises, dont la solidité, la sagesse, la ponctualité, la délicatesse dans les transactions, ne le cèdent à aucune des maisons justement famées d'Europe. Si dans ce nombre je nomme celle de M. *Philippe Niklyn*, je ne prétends pas lui donner une supériorité sur les autres, dont la modestie de ce négociant, et celle de M. *Griffith*, son associé, seraient embarrassées; mais on me pardonnera de satisfaire, en prononçant leur nom, un sentiment d'affection et de reconnoissance pour les témoignages constans d'amitié et d'obligeance, que j'en ai reçu pendant mon séjour en Amérique, et aucuns de ceux qui connaîtront Philadelphie, ne me reprocheront d'avoir satisfait mon sentiment aux dépens de l'exacte vérité.

Encore une fois, il est beaucoup de maisons de cette espèce dans les États-Unis; mais ce n'est pas le plus grand nombre, et c'est le plus grand nombre que je dois considérer quand je parle de l'Etat du commerce en Amérique. Ces bonnes et scrupuleuses maisons s'affligent de cette situation du commerce américain, dont leur propre intérêt souffre souvent beaucoup, malgré leur sage conduite. Leur délicatesse autant que leur intérêt ne peuvent s'en accommoder; mais elles se bornent à se tenir en défiance avec les maisons suspectes, et dans une activité continuelle de vigilance pour toutes les autres; et les négocians les plus délicats ne sont pas moins obligés de rencontrer à la Bourse, dans presque toutes les maisons, et de voir souvent dans des emplois de confiance, des hommes que l'intérêt et l'honneur public devraient faire marquer du sceau de la réprobation.

Ce déplorable état de choses ne serait pas naturel; mais il faut le répéter, il est le résultat nécessaire des entreprises témérairement hazardées, qui sont elles-mêmes le résultat de la multiplicité des affaires de toute espèce, que la guerre d'Europe et des Antilles ont présentées, et des facilités dangereuses et trompeuses qu'une multitude de banques ont procurées.

Dans presque toutes les grandes villes des États-Unis, et particulièrement dans celles des États du Nord, depuis Baltimore, tout le monde est négociant, c'est-à-dire tout le monde spécule, trafique, agiote; le juge, l'avocat, le médecin, le ministre du culte, tous ou presque tous sont plus ou moins intéressés dans les ventes de terres, dans l'achat des marchandises, dans celui des lettres de change, dans les prêts à deux ou trois pour cent par mois; peu d'entre eux se contentent de ce qu'ils ont.

La valeur de l'homme est un peu trop estimée en Amérique, par la fortune qu'on lui suppose, et personne n'aborde dans ce nouveau monde, sans le projet d'y faire une ample et prompte fortune; les exemples de succès sont si fréquens, qu'ils encouragent ces projets. Les moyens ont été long-tems grands aussi, mais ils le sont moins à présent, au moins dans ce genre, et l'avidité n'en diminue pas de proportion.

Voilà bien des écueils à la délicatesse, bien des raisons qui expliquent l'état du commerce des États-Unis ; et l'exposé fidelle que je viens d'en faire ne laissera pas douter de la vérité que j'ai avancée, que l'apparence brillante du commerce des États-Unis, l'accroissement de son activité et de ses exportations, n'est qu'une ombre passagère de prospérité, plus nuisible qu'utile à la richesse, à la véritable prospérité nationale.

Sans doute au milieu de tous ces malheurs, il s'est élevé des fortunes considérables ; la prévoyance sage et active en a fait faire quelques-unes ; le bonheur en a formé quelques autres. Les villes se sont extrêmement agrandies, ce qui, dans mon opinion, est déjà un grand mal ; elles sont embellies, mais le luxe est entré de toute part dans les États-Unis ; et quand le commerce de l'Europe reprendra son niveau, quand la paix aura remis chaque puissance dans l'usage de ses droits, il est plus qu'à craindre, qu'il ne reste aux Etats-Unis, de l'étonnante et momentanée augmentation de leur activité commerciale que l'amour du luxe, et l'impossibilité de le satisfaire.

Cette époque en sera probablement une de nouveaux malheurs pour quelques maisons américaines ; mais qu'il soit permis de le dire à un ami de l'Amérique, cette époque peut être aussi, si elle profite de l'expérience, celle de ses progrès certains, de sa réelle prospérité, de l'accroissement solide de son commerce; elle est appelée par la nature à un état de force et de grandeur, auquel rien ne peut l'empêcher d'atteindre, qu'une marche précipitée, qui tenterait de l'y conduire sans une progressive gradation.

Avant de terminer cet article du commerce américain, il me reste à dire que toutes les causes relatives au commerce sont soumises, dans les États-Unis, au jugement des tribunaux ordinaires, par conséquent à une procédure, que l'avocat le moins habile en chicane peut faire durer dix-huit mois, et qu'avec un peu plus d'habileté encore, il peut conduire à deux ou trois ans. Cet inconvénient est grand en matières commerciales, où un homme de mauvaise foi peut, en vertu de ce délai, retenir en ses mains pour un long tems le capital, la propriété réelle d'un autre, dont pendant ce tems toute opération est suspendue, et dont les pertes qui en résultent ne seront jamais compensées par les dédommagemens qui peuvent lui être accordés.

Cet inconvénient, grand pour les négocians établis en Amérique, est bien plus grand encore pour les négocians étrangers, qui y envoyent ou y apportent des cargaisons, ou y font des consignations. L'alternative, de rester plusieurs années en Amérique pour suivre à grands frais ses réclamations, et de se tenir ainsi éloignés du centre de ses affaires, ou de confier à la surveillance d'un autre, la poursuite de sa cause, ajoute gravement encore au malheur de se voir, pendant cette longue procédure, privé de la jouissance de ses fonds, malgré l'évidence de ses droits. C'est alors qu'un négociant sent amèrement la privation des tribunaux de commerce, de ces jurisdictions consulaires, si sagement établies en France; où les négocians les plus instruits, les plus intègres, sont annuellement élus pour juges; où la procédure est dénuée de tous les moyens de la chicane, et ne coûte pas plus de six dollars de frais; où les causes les plus compliquées en apparence, sont jugées dans l'espace de trois semaines; où il n'y a, je n'oserai pas dire aucun, mais au moins que bien peu d'exemples de juges accusés de partialité dans leurs jugemens, ou d'indifférence dans la recherche du droit; et où enfin, en cas d'appel aux cours supérieures, la partie pour laquelle un jugement favorable a été prononcé, peut obtenir la remise de la somme, ou des effets qu'elle réclame, sur le cautionnement qu'elle donne de les remettre en cas de jugement contraire prononcé par la cour d'appel.

Commerce des terres.

En parlant de l'ensemble du commerce des États-Unis, j'ai nommé celui des terres comme un de ses élémens. Ce genre de commerce est trop particulier à l'Amérique septentrionale, pour ne pas le faire connaître au moins succinctement.

Le commerce des terres est fondé et sur la masse considérable de ces terres dans le territoire des États-Unis, en comparaison avec leur population présente, et sur la probabilité de l'augmentation de cette population, soit par sa propre reproduction, soit par les émigrations étrangères; ce commerce est comme tous les autres, et plus qu'aucun autre, un commerce de spéculation.

Les terres incultes, et c'étaient beaucoup plus que les huit dixièmes de l'Amérique se sont trouvées à la fin de la révolution appartenir aux différens États, qui comme souverains ont succédé dans cette propriété à la souveraineté de la couronne d'Angleterre. Beaucoup de ces terres étaient encore occupées par les nations indiennes; mais une partie de ces nations s'étaient jointes pendant la guerre aux troupes anglaises contre les États-Unis ; il fallait donc les éloigner, ou plutôt il fallait éloigner tous les Indiens, dont les États-Unis se voyaient impatiemment entourés. Et il est à remarquer que les nations indiennes, jadis propriétaires uniques de tout le continent américain, et à l'hospitalité desquelles l'établissement des Européens est seulement dû, sont regardées par les descendans de ces premiers colons, comme usurpateurs du terrein dont ils jouissent encore, et comme n'en jouissant, pour ainsi dire, que sous leur bon plaisir.

Les terres concédées par les rois d'Angleterre avant 1776, sont, à quelques restrictions près, restées dans la possession de ceux qui en avaient reçu la patente; mais cette quantité n'était qu'une infiniment petite proportion dans la masse des terres incultes. La proportion des quantités de ces terres n'était pas même en raison de l'étendue du territoire de chaque État. Les petits États, ceux surtout plus rapprochés de la mer, plus anciennement habités, n'en avaient qu'une petite quantité ; quelques-uns n'en avaient point du tout, tandis que les grands États, ceux surtout dont le territoire pénétrait fort avant dans l'intérieur des terres, tels que la Géorgie, les deux Carolines, la Virginie, la Pensylvanie, l'Etat de New-Yorck, le Massachussetts, et le New-Hampshire, en possédaient d'immenses quantités. Il était nécessaire à ces États de vendre ces terres incultes, et pour faciliter des moyens de propriété à la population croissante, et pour en présenter à l'émigration étrangère qui pussent l'attirer et la fixer.

Enfin les États avaient des dettes de la guerre qu'il fallait payer, sans charger le peuple de nouvelles taxes ; car d'abord il était peu en état de les supporter, et il était même de l'intérêt de ces États d'atténuer autant que possibles les taxes existantes, pour donner à l'habitation dans leur territoire plus d'attrait et de faveur.

Dans ces terres à vendre étaient comprises celles confisquées aux *torys* qui avaient servi les Anglais pendant la révolution ; el'on ne peut pas accuser les États d'avoir manqué de douceur dans l'exécution de cette loi de confiscation.

Pour mettre ces terres en vente, les États ont ouvert des *land-offices*, ou bureaux pour la vente des terres, où les prétendans aux achats, recevant des *warrants* ou permissions de faire arpenter par l'arpenteur de l'État les terres qu'ils désignaient, n'en étaient mis en possession que quand il paraissait que ces terres n'avaient encore été concédées à personne, et n'en devaient recevoir les titres de propriété que quand ils avaient payé les prix convenus, et satisfait aux conditions imposées par la loi.

Les terres occupées par les Indiens n'étaient pas immédiatement vendues, mais l'État vendait le droit de préemption, c'est-à-dire, le privilège exclusif d'acheter ces terres quand les Indiens consentiraient à les vendre, et l'État se chargeait de la négociation lorsqu'il jugerait possible de la faire.

Il n'est pas de mon sujet d'entrer dans le détail des altérations fréquentes faites par les États à leurs loix sur la vente des terres ; et des contraventions plus fréquentes encore qui y ont été faites par les bureaux des terres eux-mêmes ; de leur négligence fréquente dans l'examen de l'arpentage et de la plus ou moins grande validité des titres ; enfin des abus considérables et de toute nature qui ont eu lieu dans cette branche d'administration : il faudrait faire l'histoire particulière des loix et des bureaux des terres de chaque État. Il me suffira de dire qu'il en est peu qui ayent eu l'exactitude nécessaire, qui ayent respecté la bonne loi, qui ayent exercé la surveillance qu'on a droit d'exiger de toute administration publique.

Les terres ont été proposées en vente à qui les voulait acquérir.

Une certaine quantité a été donnée aux troupes employées pendant la guerre.

Plusieurs autres grandes parties ont été mises en vente par les commissionnaires.

Des familles, soit étrangères, soit américaines, en ont acheté des petites portions pour s'y établir.

Mais les États occupés plutôt du désir d'avoir de l'argent dont ils avaient besoin, que de celui d'installer avec promptitude des cultivateurs sur ces terres, et pensant encore que de grands propriétaires excités par leur intérêt les détailleraient plus promptement qu'un État ne le peut faire, se sont facilement prêtés à les vendre en grandes masses, en opposition à la loi qui dans beaucoup d'États limitent à quatre ou six cents acres le nombre qui pouvait être vendu à la même personne.

Cette disposition de la loi a été éludée dans les États où elle existait en vendant sous des noms différens de grandes quantités de terres aux mêmes personnes, et en faisant autant de contrats de vente sous ces noms supposés, que la quantité des terres vendues contenait de lots de l'étendue que la loi permettait d'acquérir.

Presque tous ces contrats de ventes contenaient aussi la clause que l'acquéreur mettrait ou ferait mettre en valeur une certaine quantité d'acres par lot dans un tems donné, et la peine d'évincement était annoncée contre celui qui ne satisferait pas à cette condition. Il est aisé de penser que cette condition difficile à remplir pour les grands marchés, a été fréquemment éludée.

C'est alors qu'ont commencé les grandes spéculations ; les terres pouvaient s'acquérir à très-bas prix des États. Les États étaient remplis de papiers-monnaies qui leurs étaient particuliers et tous en dépréciation. Les époques de payement n'étaient pas rapprochées. L'accroissement de la population, des émigrations, et des défrichemens promettait une grande et prompte élévation dans la valeur de ces terres ; l'esprit spéculateur s'emparait alors de toutes les classes des habitans de l'Amérique ; c'était l'époque du nouveau systéme des finances, celle où tant de fortunes considérables avaient été faites dans l'agiotage des certificats de la dette américaine. Les législatures des États, quelques-unes au moins, ont encore plus spécialement favorisé la vente de leurs terres, en ordonnant que certains de leurs papiers dépréciés, seraient pris en payement de leur achat; et c'est à cet égard qu'il y a eu des malversations considérables. On a souvent vu les membres qui composaient les législatures, s'entendre entre eux dans ces opérations.

Alors, comme je viens de le dire, les Etats étaient encombrés de papiers-monnaies de différentes espèces, fruit des malheurs de la guerre et de la détresse qui en avait été la conséquence, et tous avilis. Un jour, par exemple, la législature déclarait qu'après un certain délai, ordinairement très-court, tels papiers ne seraient pas reçus en payement; et quelque tems après, peu avant l'expiration de ce délai, elle déclarait telle quantité des terres à vendre, au payement desquelles le papier proscrit aurait le droit d'être présenté. Les membres dans la confidence de l'intrigue, ou leurs amis, achetaient ces papiers dans le tems de leur proscription, c'est-à-dire de leur plus bas prix; ils se présentaient à la vente, dès qu'elle était ouverte, et souvent en vingt-quatre heures les achats étaient complettés.

Par ce moyen beaucoup de spéculateurs ont acquis des terres avec une valeur réelle de deux ou trois *cents* ou centièmes de dollar l'acre, payables en six ou huit années avec escompte par le trésor de l'Etat, au taux de la valeur à laquelle les terres étaient portées par la loi, si les payemens étaient faits avant l'époque de rigueur.

Ces malversations n'ont pas eu lieu dans tous les États ; mais, dans tous, les achats des terres et celles des préemptions ont été faits à très-bas prix dès les premiers momens de l'ouverture des bureaux de ventes.

Alors ces terres sont devenues un effet de commerce. Des agens ont été envoyés en Europe pour en proposer la vente, et l'Europe s'est trouvée remplie de descriptions les plus pompeuses, de cartes même les plus détaillées de terres, que souvent leur propriétaire, ni même aucun autre ne connaissait.

Quelques grandes ventes heureusement effectuées en Europe, ont fait hausser le prix de ces terres, augmenté la confiance des spéculateurs, aggrandi leur nombre et étendu les spéculations. L'opinion d'une immense émigration que donnait la révolution de France, et la situation de l'Europe, a concouru à la confiance de ces spéculateurs ; chacun se livrait d'autant plus aisément à ce genre de spéculation, que les termes de payemens

à

à faire aux États étaient toujours longs ; que de plus longs délais encore s'obtenaient sans beaucoup de difficulté ; et que ces terres n'avaient été encore soumises à aucune imposition.

Les seconds vendeurs donnaient souvent aussi des conditions avantageuses de payement, et vendaient encore à un assez bas prix.

Dans l'État de Pensylvanie et dans celui de Maryland tout étranger pouvait acheter et posséder des terres comme un citoyen.

Dans quelques autres, où la loi ne donnait pas ce privilège aux étrangers, elle laissait aux législatures le droit d'en accorder la permission, et cette permission s'obtenait facilement.

Dans tous, un étranger pouvait posséder sous le nom d'un habitant, et le grand intérêt que les États avaient de vendre, et d'attirer dans leur territoire des capitaux étrangers, donnait une grande sécurité à cette manière empruntée de posséder.

Les États-Unis jouissaient d'une grande prospérité dans leur commerce, rien ne semblait pouvoir troubler leur tranquillité, et un grand nombre d'Européens, séduits par le prompt accroissement de valeur, que prenaient les terres américaines, voyaient dans le sacrifice qu'ils faisaient de quelques milliers de dollars, pour acheter de ces terres, une augmentation quadruple, ou décuple, de leurs capitaux, dans un très-petit nombre d'années.

Les spéculateurs en terres, qui en ont une grande quantité dans leurs mains, ont différens moyens pour en tirer avantage.

1°. De les vendre par grandes parties à des hommes aisés d'Amérique ou d'Europe.

2°. De les vendre par petites parties à des familles qui s'y établissent.

3°. Enfin de les conserver dans leur propriété, attendant pour les mettre en vente que le tems et la moins grande abondance de cette espèce de marchandises en ait porté la valeur à un prix qui réponde à leurs espérances.

Le premier de ces moyens est le plus généralement desiré. C'est celui pour lequel tant d'agens ont été envoyés en Europe, tant d'intérêts promis à ceux qui procureraient des acquéreurs, tant de romans fabriqués. Une grande quantité de terres ont été vendues de cette manière. Dans ce marché comme dans tous les autres, le vendeur et l'acquéreur ont cherché à faire les conditions les plus avantageuses; les époques de payement sont généralement courtes ; au moins une bonne portion du prix de la vente est-elle donnée à la conclusion du marché. Les conditions imposées dans les contrats de ventes faites par les États, deviennent l'obligation du nouvel acquéreur, mais l'ancien en reste souvent responsable, si elles n'étaient pas remplies par le nouveau. Les nouveaux acquéreurs deviennent spéculateurs eux-mêmes et ont recours, pour tirer parti de leur nouvelle propriété, aux moyens qu'avaient ceux dont ils la tiennent.

La vente par petites parties se fait de différentes manières.

Ou à forfait pour de l'argent comptant ; ce n'est pas le plus grand nombre, quoique beaucoup de ventes soient faites de cette manière ;

Ou à forfait avec des termes de payement, auquel cas le vendeur ne délivre les titres qu'après la solde complette du marché, et conserve le droit d'évincer de ses terres le nouvel établi, si les conditions du payement et toutes les autres du marché, (qui sont généralement l'obligation de défricher un certain nombre d'acres) ne sont pas remplies.

Quelquefois le vendeur n'exige qu'une légère partie du prix de la terre au comptant, et la terre reste chargée d'une rente perpétuelle, payable en argent ou en denrées, que l'acquéreur n'a pas toujours la faculté d'éteindre.

Quelquefois il ne vend ou plutôt il n'aliène que pour un certain nombre d'années, par exemple douze à quinze ans, pendant lequel tems il reçoit une rente annuelle ; et dans la plupart de ces marchés, l'acquéreur s'oblige à quelques jours de son travail personnel au service et à la demande du vendeur, à défricher annuellement un certain nombre d'acres à construire des habitations ; et toutes ces améliorations retournent au profit du vendeur quand le terme du marché est expiré. Je ferai remarquer en passant que ce genre de ventes à terme ou à rente peut donner de l'influence dans les élections des législatures aux grands propriétaires, dans un pays peu riche encore et où tout le monde est électeur. Aussi est-il reconnu qu'elle en donne, et l'on sait que telle ou telle personne nomme tant de places dans la législature de son Etat.

Ces exemples ne sont cependant pas encore multipliés. Presque tous les grands propriétaires de terres cherchent à placer sur leurs terres quelques petits acquéreurs, parce que le reste des terres acquiert plus de valeur par ces petits défrichemens.

Le troisième moyen, celui d'attendre du tems l'élévation du prix des terres, est la ressource des grands propriétaires qui n'ont pas pu trouver les deux autres. Chez quelques-uns cependant c'est calcul: mais calcul d'autant plus dangereux que l'ambition du propriétaire s'accroît avec le haussement du prix quand celui-ci a lieu ; que ce haussement du prix est loin d'être certain, et qu'il y a déjà beaucoup d'exemples de tels possesseurs qui ont regretté l'année suivante de n'avoir pas vendu au prix qu'ils ont refusé l'année d'auparavant. Ils n'en prennent cependant pas plus alors le prix qui leur est offert, parce qu'il est moindre encore. Ils voudraient atteindre le prix qu'ils ont refusé. Cette marche est la marche ordinaire de toute spéculation. Un grand gain ne suffit pas quand on se flatte d'en pouvoir obtenir un plus grand encore. On se flatte aisément et par fois on finit par ne rien obtenir du tout.

Les spéculations sur les terres ont fait faire de grandes fortunes en Amérique, mais aussi elles ont occasionné plus qu'aucune autre de grands dérangemens, des ruines totales, de grandes et désastreuses banqueroutes. Il en est des exemples remarquables parmi une infinité d'autres moins saillans, mais non moins positifs, car la prudence n'a pas plus guidé cette espèce de spéculation que les autres. Il n'en est pas non plus qui ayent été plus généralement embrassées, ni qui ayent été une plus grande source de déceptions. Les terres sont aussi en Amérique la branche qui fournit le plus aux procès : tant pour les titres que pour les limites, et pour l'exécution des conditions des marchés.

Le moyen le plus sûr comme le plus avantageux de tirer profit d'une grande étendue de nouvelles terres en Amérique, est d'en commencer soi-même le défrichement ; d'y appeler promptement des settlers (habitans) en leur donnant à bas prix, et même pour rien s'il est nécessaire, un nombre d'acres suffisant pour l'établissement et l'aisance de leurs familles ; d'établir à ses frais des moulins, des ponts, des chemins ; de bâtir même des maisons, d'encourager de toutes les manières les efforts des nouveaux arrivés ; de faire enfin des premiers sacrifices considérables.

Il n'est pas d'exemple que ces premiers sacrifices faits avec intelligence et dans l'étendue convenable, n'ayent augmenté rapidement la valeur des terres que le propriétaire réserve, et ne l'ayent promptement enrichi en attirant vers elles les grandes immigrations.

Il y a beaucoup de ces brillans succès à citer et parmi eux ceux de la compagnie hollandaise, habilement dirigée par M. *Casenove,* mais aucun qui ait été plus complet que celui du capitaine Williamson dans le Génessée.

Cette manière honorable et sûre de tirer un parti avantageux d'une grande possession de nouvelles terres, exige à la vérité des fonds disponibles, et il est peu de spéculateurs en terres qui en ayent. Ceux qui en ont se refusent à les retirer de l'agiotage, qui les représente cinq ou six fois par an avec de gros profits; mais plus communément ils n'en ont pas, et souvent ces spéculations se font sans le moindre capital, ou se font encore par des négocians, des marchands, des ouvriers qui ont besoin de leurs fonds dans leur commerce; car comme je l'ai dit, tout le monde s'en mêle.

Ce moyen devient cependant plus nécessaire encore qu'il ne l'était jusqu'ici. La mode des achats de terre n'est plus si grande, et la denrée en abonde dans les marchés, d'autant plus que les opérations de commerce ont moins de succès, et que les fortunes particulières se dérangent. Les tromperies multipliées qu'ont éprouvé les Européens dans l'achat des terres d'Amérique, ont fortemennt discrédité ces terres en Europe. La France marche beaucoup plus rapidement que l'on ne le croyait possible vers l'état de tranquillité entière qui doit en faire chérir le séjour. Le dérangement de beaucoup de fortunes françaises par la révolution, y mettra en vente un grand nombre de terres; le commerce et les manufactures y offriront aussi une grande et avantageuse place aux capitaux étrangers; il en sera de même successivement des autres États Européens, s'ils sont destinés aux troubles d'une révolution; et si quelques capitalistes y pensaient qu'une partie de leur fortuue serait placée avec plus de sûreté au-delà des mers qu'ailleurs, ils préféreraient probablement de les employer dans les fonds américains, plutôt que dans l'achat de terres éloignées; car chacun doit être averti aujourd'hui en Europe qu'il faut au moins avoir vu par soi-même ou par ses amis bien particuliers, des terres en Amérique avant de les acheter.

Le nombre des terres en vente dans les États-Unis est immense. La tranquillité n'y est pas si complettement assurée qu'elle l'était même il y a deux ans. Elle est menacée de plus d'un côté. L'esprit démocratique y fait autant et d'aussi rapides progrès dans les campagnes que l'esprit aristocratique en fait dans les villes. Quoique la proportion des propriétaires y soit sans aucune comparaison plus considérable que dans aucune partie de l'Europe, il existe un certain nombre de non-propriétaires, et tout le monde en Amérique se croit le droit d'avoir une propriété. Les murmures contre les possesseurs d'une grande quantité d'acres de terre qu'ils gardent dans leurs mains, jusqu'à ce qu'ils puissent en obtenir un prix considérable, et qui en mettent ainsi l'achat hors des moyens de ces non-propriétaires, commencent à être déjà de quelque force, car tout le monde connaît le bas prix que les possesseurs de ces grandes masses de terres en ont originairement payé. Beaucoup de familles s'établissent sans titres dans ces grandes propriétés, et leur nombre rend quelquefois difficile de les en évincer. Les jugemens des tribunaux qui les en chassent ne peuvent souvent pas être mis en exécution, parce que l'opinion publique commence à être forte contre cette manière de posséder, que déjà l'on appelle monopole. J'en pourrais citer plusieurs exemples, mais je ne dois pas ici m'occuper des détails. Quoique beaucoup de membres des législatures soient eux-mêmes de grands possesseurs de terres, les législatures ne peuvent déjà plus prolonger le délai des payemens et altérer les conditions des ventes. Dans beaucoup d'États, les terres incultes commencent à être une matière imposable ; elles sont jusqu'ici taxées très-bas, mais le tems approche où ces taxes augmenteront, et où les législatures reconnaissant que l'intérêt de leur État est d'appeller dans son territoire une plus grande population, trouveront peut-être qu'il est d'une sage politique d'élever beaucoup ces taxes, peut-être même plus haut que celles des terres cultivées, jusqu'à ce qu'elles soient au moins défrichées dans une certaine proportion de leur étendue, afin de rendre la possession de ces terres à charge à ceux qui en garderaient dans leurs mains une grande quantité, et de les engager ainsi par leur propre intérêt à les diviser promptement. Toutes ces circonstances rendent donc aujourd'hui plus nécessaire que jamais pour ces grands possesseurs de terres de prendre les moyens les plus prompts pour en tirer avantage, et doivent par conséquent jetter de la défaveur sur ce genre de spéculation.

Cet état des choses en est un malheureux sans doute pour les spéculateurs en terres, pour ceux qui en possèdent de grandes masses;

il doit probablement en résulter pour eux beaucoup de mécomptes, et beaucoup de dérangement de fortunes ; mais ce n'est rien en comparaison de la prospérité nationale, qui résultera du défrichement, de l'habitation des terres incultes et désertes, soit que les *settlers* les aient achetées des propriétaires, soit qu'ils s'y établissent par usurpation.

Les terres sont généralement bonnes en Amérique ; elles n'attendent qu'à être labourées pour donner de grands produits. La population croît, comme on l'a vu, dans une proportion presque incroyable, et le peuple américain n'est arrêté, dans l'entreprise de défricher des terres incultes, ni par l'attachement à son sol natal, ni par les grandes distances, ni enfin par aucune difficulté.

Le gouvernement fédéral des Etats-Unis, ou à plus proprement parler, l'Union, possède aussi dans le territoire de l'Ouest au Nord de l'Ohio, une quantité de terres que l'on suppose être de dix à onze millions d'acres.

Le congrès, en mai 1796, a ordonné l'arpentage de ces terres, et leur division en townships de six milles quarrés chaque. La moitié de ces townships doit être subdivisée alternativement en sections, contenant chacune environ six cents quarante acres, et mises en vente par townships, ou par sections. Cette vente doit être faite par le gouverneur, et le secrétaire du territoire de l'Ouest.

Sept rangées de townships, à peu de distance de Pittsburg, dans le même territoire, avaient été arpentées par l'ordre de l'ancien congrès, qui en avait aussi ordonné la vente, mais elle n'avait été faite qu'en partie. Le congrès, par la même loi de 1796, a ordonné aussi cette vente, dont il a chargé le secrétaire de la trésorerie. Il a fixé à deux dollars au moins le prix de chaque acre; la vente devait en être faite à l'enchère, et la moitié du prix du marché payée trente jours après l'acquisition; l'autre un an après, sous peine pour l'adjudicataire, qui ne remplirait pas ces conditions, d'être dépossédé. En exigeant un payement aussi prompt pour l'acquisition de ces terres, et en les tenant à un prix aussi élevé, l'intention du congrès était de rendre les grandes spéculations plus difficiles; mais par un rapport du secrétaire de la trésorerie, fait au congrès à la fin de janvier dernier, il paraît que cette condition, et le prix fixé par le congrès, ont écarté beaucoup d'acquéreurs, puisque quarante-neuf mille acres seulement sur environ six cents quatrevingt mille, avaient été vendus dans les sept rangées de townships, de la vente desquelles il était chargé. Le congrès néanmoins n'a changé la loi de l'année précédente, qu'en permettant que les fonds publics fussent admis au payement de ces terres, à leur valeur courante au tems de l'achat. Mais il n'a pas diminué les prix fixés, ni éloigné les termes de payement, et il a fait sagement. La beauté, la bonté de ces terres, la douceur du climat, l'abondance des débouchés, ne laissent aucun doute, qu'elles ne soient établies dans un tems qui ne peut pas être bien long. L'émigration naturelle des États du Nord, les plus peuplés de tous, prennent constamment la direction de l'Ouest; il n'est pas possible de constater quel est le montant annuel des émigrations, qui passent les Alleghanys; il a été, dans quelques années, de trente mille personnes; j'ai entendu l'estimer annuellement, par un terme moyen, à quinze mille, mais sans aucune base certaine; quoiqu'il en soit, il est considérable, et le deviendra plus encore, à mesure que la population des États-Unis s'accroîtra.

La plus grande partie de ces émigrations se sont jusqu'ici portées dans le Kentuky et dans le Tennessée; mais il en reste toujours dans la Pensylvanie, et il en passe beaucoup déjà dans le territoire de l'Ouest, dont la quantité des terres augmentera d'ailleurs à mesure que les Indiens seront par l'approche des Blancs obligés d'abandonner les territoires qu'ils occupent encore, et que les États-Unis ne manqueront pas d'acheter.

Peut-être et probablement même le congrès sera obligé de donner aux acquéreurs de ces terres plus de tems pour payer ; mais la vente en est certaine ; elle sera une ressource d'une grande importance pour la diminution de la dette nationale, à laquelle elle est irrévocablement destinée, et peut-être dans un terme assez rapproché, le territoire de l'Ouest sera-t-il un des plus peuplés, des plus cultivés, un des plus importans États de l'Union.

Établissement militaire des États-Unis.

La constitutiou qui donne au Président des États-Unis le commandement en chef des armées de terre et de mer, et celui de la milice des différens États, quand elle est employée au service des États-Unis, remet au congrès le pouvoir de faire des loix pour l'administration et la discipline des forces de terre et de mer; celui d'employer les moyens nécessaires à la convocation de la milice, à l'effet de mettre en exécution les loix de l'Union, de faire cesser les insurrections, de repousser les incursions; celui de régler l'organisation, l'armement et la discipline de la milice, et la conduite de telle partie de la milice employée au service des États-Unis: laissant à chacun des États la nomination des officiers, et le soin de l'instruction de cette milice, conformément à la discipline prescrite par le congrès.

Une loi du 13 mai 1796 a fixé l'établissement militaire des États-Unis, et a révoqué toutes celles précédemment faites pour le même objet.

Il est composé d'un corps d'artilleurs et d'ingénieurs, de deux compagnies de dragons-légers, qui doivent servir à pied ou à cheval à la volonté du Président, et de quatre régimens d'infanterie.

Le corps d'artilleurs et d'ingénieurs de sept cent soixante-quatre soldats est divisé en quatre bataillons, chaque bataillon en quatre compagnies. Chaque compagnie est commandée par un capitaine, deux lieutenans et deux cadets; chaque bataillon l'est par un major, et le corps entier par un lieutenant-colonel qui a un adjudant général sous ses ordres.

Chaque compagnie de dragons est composée de cinquante-deux dragons, onze sergens, caporaux, selliers, maréchaux et trompettes, et est commandée par un capitaine, deux lieutenans et un cornette.

L'état-major de chaque régiment d'infanterie est composé d'un lieutenant-colonel, de deux majors, d'un adjudant, d'un caissier, d'un quartier-maître, d'un chirurgien-major, et de deux aides chirurgiens. Chaque compagnie est commandée par un capitaine, un lieutenant, un enseigne, et est composée de soixante-deux sergens, caporaux, soldats et musiciens.

L'armée est ainsi formée de deux mille sept cent soixante-quatorze, sergens, musiciens, soldats, dragons et artilleurs.

Suivant cette loi l'état-major de cette armée était composé d'un major général, avec deux aides-de-camp, d'un brigadier général et d'un major de brigade; mais cette partie de la loi a été rappellée le 3 mai 1797; et l'état-major est réduit à un brigadier général, à un major de brigade et inspecteur, que le brigadier général choisit parmi les capitaines, ou officiers subalternes de l'armée, à un juge-avocat, à un quartier-maître et un trésorier

général

général choisi aussi, ainsi que les aides-de-camp entre les officiers de l'armée par le brigadier général.

La paye de l'armée consiste en solde et subsistance.

Le brigadier général reçoit par mois cent quatre dollars et douze rations par jour.

Le major général, l'inspecteur, le juge-avocat, le quartier-maître et le trésorier, les aides-de-camp, vingt-quatre dollars et quatre rations, indépendamment de leur traitement comme officiers de ligne.

Les lieutenans-colonels-commandans, soixante-quinze dollars et cinq rations.

Les majors d'artillerie et de dragons, cinquante-cinq dollars et cinq rations.

Ceux d'infanterie, cinquante dollars et cinq rations

Les capitaines quarante dollars et trois rations.

Les lieutenans, trente dollars; les enseignes et cornettes vingt-cinq dollars et chacun trois rations.

Les chirurgiens-majors, quarante-cinq dollars et trois rations.

Les aides-chirurgiens, trente dollars et deux rations.

Les trésoriers-quartier-maîtres et adjudans

de régiment, qui peuvent aussi être pris dans la ligne, reçoivent, indépendamment de leur paye comme officiers de ligne, dix dollars par mois.

Le brigadier général, quand il est commandant en chef, et tous les officiers particuliers détachés pour commander, reçoivent le double des rations qui sont accordées à leur grade lorsqu'ils ne commandent pas.

Le sergent-major et sergent-quartier-maître reçoivent huit dollars par mois.

Le musicien-major et les autres sergens, sept dollars.

Les caporaux, six.

Les musiciens, cinq.

Les soldats, quatre.

Les ouvriers attachés au régiment, neuf.

Les gardes-malades à l'hôpital, huit.

Tous ne reçoivent qu'une ration.

La ration est composée d'une livre de bœuf ou trois quarterons de porc, d'une livre de pain ou de farine, d'un demi gill de rum, eau-de-vie ou whiskey, et d'un *quarter* de sel, deux pintes de vinaigre; deux livres de savon et une livre de chandelle à partager entre chaque centaine de rations.

Les rations sont ou fournies en nature, ou payées en argent au taux commun des denrées du pays où sont les troupes.

Les fourrages sont aussi payés en argent aux officiers à qui la loi en accorde : mais à un prix constant qui est de seize dollars par mois pour le brigadier général; douze pour le quartier-maître, l'inspecteur, le trésorier, les lieutenans-colonels; dix pour les majors et aides-de-camp; huit pour les capitaines de dragons; six pour les lieutenans et les cornettes; dix pour le chirurgien-major; six pour les aides-chirurgiens, les adjudans et quartier-maître du régiment.

Les sergens, caporaux, musiciens et soldats doivent, indépendamment de leur solde et de leur ration, être fournis par an chacun d'un chapeau, d'un habit, d'une veste, de quatre paires de pantalons (deux de laine, deux de toile) de quatre paires de souliers, quatre chemises, quatre paires de demi-bas, d'une couverture, d'un col avec une agraffe de col et d'une paire de boucles de souliers.

Leur engagement est pour cinq années, et ils reçoivent pour leur engagement seize dollars, dont quatre ne leur sont payés que quand ils sont arrivés au corps.

Les officiers chargés de recruter reçoivent deux dollars pour chacun des hommes qu'ils engagent.

Les déserteurs sont punis de vingt dollars

d'amende, et condamnés à servir un nouvel engagement complet du jour de leur sentence. Les personnes qui les cacheraient ou les aideraient dans leur désertion, sont punissables de trente dollars d'amende, et leur procès est fait devant les cours de justice ordinaires.

Les militaires sont jugés par des cours martiales dont le jugement doit être visé par le Président des États-Unis.

Tout officier ou soldat en entrant au service prête et signe le serment de fidélité aux États-Unis, d'obéissance au Président, et à ses chefs d'aprés les loix et ordonnances de guerre.

La loi qui a pour objet d'établir une milice uniforme dans toute l'étendue des États-Unis; est du mois de mai 1792. Elle déclare miliciable tout habitant mâle et libre des États-Unis depuis l'âge de dix huit ans jusqu'à celui de quarante cinq : exceptant de ce service tout officier public, tous les hommes employés au service de la poste, à celui des bateaux pour traverser les rivières, les matelots en activité de service, et tous ceux qui en seront exemptés par les loix des États particuliers.

Cette même loi ordonne l'organisation de la milice en divisions, brigades, régimens, compagnies; elle règle le nombre d'officiers pour chacune de ces divisions; elle prescrit la formation d'une compagnie de grenadiers par bataillon, d'une d'artillerie et d'une d'hommes à cheval par division. Ces deux compagnies doivent être formées de volontaires habillés et montés à leurs dépens. Chaque miliciable doit aussi être armé à ses frais.

Un adjudant général par État doit tenir les rôles de cette milice, et de la situation de son armement.

Un inspecteur par brigade est chargé de l'instruction de cette milice aux époques de son rassemblement; mais le tout est subordonné au gouverneur de l'État.

Une loi de janvier 1795 fixe la paye de la milice appelée pour le service des États-Unis. Cette paye comprend les frais de l'habillement dont les miliciens ont eux-mêmes dû se pourvoir. Elle est de neuf dollars par mois pour chaque sergent-major; huit dollars trente-trois *cents* pour chaque caporal, musicien ou tambour; huit dollars à chaque ouvrier, et six dollars soixante-six *cents* à chaque soldat. Les officiers, sergens et cavaliers de la troupe à cheval reçoivent en outre quarante *cents* par jour pour la remonte de leur cheval, et vingt-cinq *cents* pour sa nourriture.

D'ailleurs les rations sont les mêmes que celles de la troupe de ligne. Les officiers de milice en reçoivent la même quantité, ils reçoivent aussi le même traitement que les officiers des troupes de ligne.

Enfin une autre loi du 28 février de la même année 1795, autorise le Président des États-Unis, dans le cas du danger d'une invasion par quelque puissance étrangère, ou par les Indiens; dans celui d'une insurrection sur le territoire des États-Unis, ou d'une désobéissance combinée aux loix de l'Union, à convoquer les milices d'un ou de plusieurs États, dans la proportion et le nombre qu'il jugera nécessaire. Pour le premier de ces cas, le Président fait donner ses ordres directement aux officiers supérieurs ou particuliers, commandant les corps de milice qu'il veut faire marcher; dans les autres, il doit s'adresser aux législatures des États, si elles sont assemblées, sinon à leur pouvoir exécutif.

Les milices en activité de service pour les États-Unis, sont soumises aux ordonnances rendues pour l'armée; mais chaque individu ne peut être obligé à un service plus long que trois mois au-delà du jour où il s'est présenté au lieu d'assemblée.

Les cours martiales, pour juger les officiers

ou soldats de milice, doivent être composées d'officiers de milice. Parmi les délits dont les miliciens peuvent être coupables, la désobéissance aux ordres du Président est punie d'une amende, qui ne peut excéder une année, ni être au-dessous d'un mois de la paye du délinquant. L'emprisonnement est la punition du non-payement des amendes, qui sont elles-mêmes les seules peines des fautes de discipline.

Quoique tous les miliciables doivent par la loi se pourvoir d'armes à leurs fraix, et qu'il y ait peine d'amende pour eux, s'ils n'en sont pas pourvus, le plus grand nombre ne l'est pas quand la milice doit être assemblée, et sur-tout quand elle est appelée pour un service actif. Aussi les différens États ont-ils, ou s'occupent-ils d'avoir des armes en magasin pour les hommes qui en manquent, au moment où le besoin de l'État exige qu'ils en soient pourvus; mais ces approvisionnemens sont à peine commencés dans plusieurs États; dans tous ils se font avec une grande lenteur, et dans aucun ils ne sont complets. L'Union a aussi des magasins d'armes pour suppléer à l'insuffisance de ceux des États, quand elle appelle les milices à son service; ces magasins doivent contenir cent mille armes; ils n'en contiennent pas quinze mille en état. Chaque année on en achette d nouvelles; mais chaque fois aussi que ces armes sont données aux miliciens, qui doivent les rendre après leur service expiré, ainsi que les autres parties d'équipement, sous peine d'une amende équivalente à la valeur de l'arme, ou de ce qui aurait été perdu, il n'en rentre pas un tiers au magasin.

Les fortifications sont une autre branche du département de la guerre, c'est-à-dire celles faites par l'Union; mais elle n'en fait qu'aux places, dont le terrein lui est entièrement abandonné par l'État auquel il appartient. Beaucoup d'États, comme on l'a vu, répugnent à cette cession; alors, s'ils veulent construire des fortifications, il faut que ce soit à leurs propres dépens. Celles que fait et entretient l'Union, sont en très-petit nombre, et presque toutes incomplettes. Les bons ingénieurs manquent; il faut employer ceux que l'on trouve : ce sont des étrangers qui, dans leur demi-savoir, sont encore plus occupés de leur intérêt que de celui des Etats-Unis. On fait de grands plans, les travaux se commencent à grands fraix, les fonds manquent l'année suivante, et les fortifications sont ou entièrement abandonnées, ou tellement restreintes, qu'elles sont mauvaises ou insuffisantes, et qu'ainsi l'argent dépensé les années précédentes l'a été sans utilité.

Portland, dans la province de Main; Portsmouth, dans le New-Hampshire; Glocester, Salem, Marblehead, dans le Massachussetts; Newport, dans Rhode-island; New-Yorck, dans l'État de New-Yorck; Mud-island; près de Philadelphie; Baltimore, en Maryland; Norfolk, en Virginie; Oecacock et Wilmington, dans la Caroline du Nord; George-town, dans la Caroline du Sud; Savannah et St.-Mary en Géorgie, sont les seules places que l'on trouve sur l'état des fortifications des États-Unis; et celui qui les a vu toutes de ses yeux, sait que bien peu d'elles devraient y rester.

L'île du gouverneur à New-Yorck; celle de Sullivan à Charles-town; celle du Château, ou Castel-island à Boston, devraient être fortifiées par l'Union; mais les États auxquels elles appartiennent se refusent à lui abandonner la souveraineté du terrein; d'où il arrive que des places importantes à fortifier ne le sont pas, ou ne le sont qu'incomplettement. Il en résulte un danger non-seulement pour l'État qui se refuse à la cession de son terrein, mais aussi pour l'Union en général; puisque l'entrée d'un point principal n'étant pas complettement défendue, ouvre son territoire, et que personne n'ignore qu'il n'est de défenses sûres pour un pays, que celles qui sont le résultat d'un systême entier, combiné dans son ensemble comme dans ses parties séparées; or un tel systême n'existe pas encore dans les États-Unis.

La marine est aussi chez eux une dépendance du département de la guerre. Cette marine n'existe point encore. En 1794, le commerce des États-Unis étant fortement attaqué par les Algériens, le congrès passa une loi pour autoriser le Président à acheter ou faire construire quatre frégates de quarante-quatre canons, et deux de trente-six. Il régla le nombre d'officiers, de matelots et de soldats, dont ces frégates devaient être montées, et la paye des équipages. Celle des matelots, dit la loi, ne doit pas excéder vingt-sept dollars par mois, indépendamment de la ration, et cette solde considérable était nécessitée par les gages plus considérables encore que le commerce donnait alors aux matelots qu'il employait. Le congrès mit à la disposition du Président six cents quatrevingt-huit mille huit cents quatrevingt-huit dollars pour les dépenses de ces constructions ou de ces achats. La même loi portait que si les États-Unis faisaient la paix avec Alger, les armemens cesseraient à l'instant.

En 1796, la paix étant faite avec cette

puissance de pirates, une autre loi du congrès a autorisé le Président à faire achever la construction seulement de deux frégates de quarante-quatre canons, et d'une de trente-six, ordonnant que les matériaux en magasin, qui étaient destinés à la construction des trois autres, fussent conservés, s'ils pouvaient l'être sans crainte de dépérissement, ou vendus, dans l'autre cas.

Elle appliquait à l'achèvement de ces trois frégates, la partie des six cents quatrevingt-huit mille huit cents qnatrevingt-huit dollars votés pour la construction des six, et qui n'avaient pas encore été dépensés, et quatrevingt mille autres dollars, votés aussi en 1796, dans le moment où l'Amérique craignait la guerre avec l'Angleterre, afin d'acheter et d'armer dix petits bâtimens, pour la défense des côtes des États-Unis.

A l'avant-dernière session, et au commencement de 1797, le congrès a encore accordé pour ce même objet cent soixante-douze mille dollars, et dix mille autres dollars pour les salaires, etc. des capitaines.

A la dernière session en mai 1797, cent quatrevingt-dix-sept mille six cents trente-six dollars ont été demandés de plus, et accordés, pour completter cet armement.

L'estimation du secrétaire de la guerre portait à cent trente-cinq mille huit cents soixante-quatorze dollars, la valeur, soit des matériaux conservés des frégates commencées, et contremandées, soit de ceux en magasin : ce qui porte le prix total de la construction, armement et équipement de ces trois frégates, à un million douze mille six cents cinqnante dollars, ou à huit mille cent soixante-six dollars par canon.

Ce prix énorme est dû :

A l'éloignement des bois qu'il a fallu aller couper en Géorgie, et pour lesquels le gouvernement a cru nécessaire d'envoyer des charpentiers des États du Nord.

A la lenteur avec laquelle les approvisionnemens ont été faits : tellement que les frégates commencées, les matériaux manquaient pour les continuer. Ils étaient attendus de jour en jour, et il fallait souvent payer les ouvriers pendant des mois entiers, sans qu'ils eussent du travail ; car il eût été difficile de s'en procurer d'autres, si on les eût congédiés.

Et sur-tout, au défaut d'économie dans l'emploi des matériaux, au défaut de surveillance et de prévoyance, qui se trouve par-tout dans les dépenses du departement de la guerre des États-Unis ; car il est évident qu'avec plus d'intelligence, de soin et d'ordre, les frégates auraient pu être construites pour un grand tiers de dépenses de moins. Les soldes, subsistances, et réparations annuelles de ces trois frégates sont estimées à trois cents cinquante mille dollars. On conviendra que c'est une parade bien chère. Car qu'est-ce qu'une marine de l'Union de seize États qui n'est composée que de trois frégates ?

Dans cette dépense énorme de plus d'un million de dollars pour la construction de ces trois frégates, la dépense occasionnée par celle que les États-Unis donnent au dey d'Alger, par une condition secrette du traité, n'est pas comprise. Elle coûtera environ cent mille dollars, n'étant que de trente-deux canons, n'étant pas construite en cèdre et en chêne verd comme les trois autres, et ayant été plus surveillée pendant sa construction.

Le département des Indiens est aussi une des dépendances du département de la guerre. C'est avec le secrétaire de la guerre, que correspondent les agens employés auprès des Indiens, et c'est par lui que leur parviennent les subsides en vertu du traité fait avec eux par les États-Unis, ou les présens que leur fait l'Union. Ces dépenses s'élèvent annuellement à cent mille dollars.

Les dépenses du département de la guerre se font sur des sommes que le congrès vote tous les ans à cet effet, d'après l'apperçu qui lui est présenté par le secrétaire de la trésorerie, qui le reçoit lui-même du secrétaire de la guerre.

Quelquefois les assignations de fonds pour les dépenses de la guerre, sont faites par un acte particulier; plus souvent elles sont comprises dans le même acte qui désigne toutes les sommes jugées nécessaires pour la dépense totale du gouvernement. Mais toujours les sommes appropriées au département de la guerre, sont distinctement spécifiées pour tous les articles dont elles sont composées: paye des troupes, subsistances, fourrages, habillement, équipement pour la cavalerie, achat des chevaux, hôpitaux, artillerie, comptabilité, Indiens, dépense des frontières, salaires, pensions militaires, entretien des magasins, achat de munitions, armement naval, etc. etc.

Les sommes destinées à ce département ont été en 1789, de 137,000 dollars; en 1790, de 194,144; en 1791, de 615,421; en 1792, de 1,117,526; en 1793, de 1,168,375; en 1794, de 2,362,103; en 1795, de 2,635,680; en 1796, de 1,437,100; et en 1797, de 1,537,932 dollars.

La grande augmentation des dépenses de la guerre pour les années 1794 et 1795, résulte de l'expédition de Pittsburg, dont je dirai un mot, et qui a coûté près de douze cents mille dollars.

Dans cette application de quinze cents trente-sept mille neuf cents trente-un dollars aux dépenses du département de la guerre en 1797, plus d'un million ont pour objet les dépenses propres de l'armée ; c'est-à-dire, solde, subsistance, fourrage, achat des chevaux, hôpital. Les fortifications n'y sont que pour vingt-quatre mille dollars ; et cependant l'armée n'est composée que de deux mille sept cent soixante et quatorze hommes. Il n'y a pas d'assemblée de milice à entretenir ; car les sommes votées à la dernière session de mai, d'après les craintes de la guerre, ne sont point comprises dans cet état ; ni même les appointemens du secrétaire de la guerre et de ses commis, qui sont toujours placés parmi les dépenses de la liste civile.

Le caractère de probité reconnue de ceux qui ont été à la tête de ce département, rend impossible tout soupçon contre leur fidélité ; et de plus, la manière dont se font les dépenses, la forme par laquelle le trésor public fournit l'argent dont on ne peut jamais faire usage que sur des traites motivées, ôteraient tout moyen de prévarication, au moins considérable. Mais en comparant les dépenses excessives, faites pour le département de la guerre, avec l'exiguité de l'armée, le mauvais état des fortifications, le modique résultat de ces grandes dépenses, on ne peut être étonné d'entendre souvent imputer à ce département un grand défaut d'intelligence et d'ordre.

On a souvent, dans le congrès, reproché aux secrétaires de la guerre, de considérer les fonds assignés à leur département comme un total dont ils pouvaient disposer pour les différens objets de dépense, sans s'assujettir à borner la dépense pour chacun d'eux, aux sommes particulièrement votées à leur intention : ainsi, de dépenser, par exemple, plus ou moins pour les fortifications que la somme nominativement destinée pour leur construction ou leur entretien, en versant aux hôpitaux, à l'habillement, à la subsistance, ou à tels autres articles de ce département, le surplus opéré par l'économie faite sur les fortifications, ou retranchant à ces divers articles la somme que l'on aurait mise aux fortifications au-delà de celles prescrites par la loi.

Ce reproche a été particulièrement fait à l'égard

l'égard des dépenses de l'expédition de Pittsburg, pour laquelle le secrétaire de la guerre a fourni les fonds accordés par le congrès aux différentes dépenses de son département, sans avoir pu le faire autrement qu'en suspendant les divers payemens que les sommes votées avaient pour objet.

Il semble que ce reproche, quoique fondé en droit dans sa sévérité, est toutefois injuste. Si l'expédition de Pittsburg était nécessaire, s'il était indispensable de la faire avec la célérité et l'étendue qu'on lui a donnée, s'il y avait réellement danger à la suspendre, la dépense la plus urgente de l'Union était donc celle qui donnait le moyen de l'opérer, puisque d'elle dépendait le rétablissement de l'ordre public. Tout délai aurait été un plus grand mal; aucun autre moyen de trouver des fonds n'aurait été alors plus légal, ni même possible. D'ailleurs, la responsabilité du secrétaire de la guerre, et même celle du Président restaient toutes entières, si le parti qu'ils jugeaient alors indispensable était désapprouvé par le congrès.

Je suis amené naturellement ici à parler de cette expédition sur laquelle les opinions étaient et continuent d'être fort partagées. Je n'étais pas encore en Amérique quand elle a été déterminée, et mes voyages ne m'ont jamais mené dans la partie de la Pensylvanie, où l'insurrection a eu lieu. Je ne puis donc avoir d'autres renseignemens à cet égard que ceux que je me suis procuré en conversant avec les deux partis, et en lisant tout ce qui a été imprimé à ce sujet.

Personne ne peut révoquer en doute qu'il n'y eut alors dans les comtés de Westmoreland, de la Fayette, de Washington et des Alleghanys, une opposition formelle à la levée de l'impôt sur les distilleries; opposition qui avait déjà une ancienne origine, opposition à main armée; combinaison et conspiration pour s'opposer à la perception de ce droit d'excise; résolution connue d'employer la force contre tous ceux qui voudraient ou demander cette taxe, ou même s'y soumettre; enfin, tout ce qui caractérise une insurrection.

On a dit que M. Hamilton, alors secrétaire de la trésorerie, aurait pu prévenir cette insurrection, sans compromettre les droits, en ne maintenant pas en place, contre le vœu du pays, des officiers d'excise, dont le caractère, la dureté et la conduite étaient répréhensibles; en faisant poursuivre de bonne heure par le moyen de la loi, les opposans à la perception de cette taxe. Ses ennemis attribuent ce tort au desir de provoquer une résistance assez prononcée pour que sa répression donnât plus de force à cet impôt, dont il avait été le promoteur, qui n'avait été consenti par le congrès qu'avec une grande résistance, et qui était généralement mal vu : ils lui attribuent même l'intention de satisfaire ses haines particulières contre quelques-uns de ses ennemis personnels.

Connaissant le caractère de M. Hamilton comme je crois le connaître, je ne puis admettre la probabilité d'un tel reproche; mais quand il serait fondé, il n'aurait pas été une raison suffisante contre l'expédition, au moment où elle a été ordonnée, lorsque l'insurrection était formée; était étendue, pouvait devenir redoutable; et ce n'est que de sa nécessité, ou de son inutilité à cette époque, qu'il est ici question.

Quelques années plutôt, une insurrection qui avait aussi pour cause le non-payement des taxes, avait eu lieu en Massachussetts.

Il était important de ne pas laisser établir cet esprit de résistance funeste pour le trésor public, plus funeste encore pour le maintien de la constitution, et pour tous les biens qui, dans un gouvernement réglé, dérivent de l'observation exacte des loix. Il était donc nécessaire d'agir contre cette insurrection, d'agir avec assez de moyens pour que sa répression ne fut pas douteuse, et d'agir promptement; car le cours de la justice commençait à être suspendu dans ces cantons ; la chaleur des esprits s'accroissait journellement, le nombre des insurgens s'augmentait, les commissaires envoyés vers eux par le Président, étaient revenus sans avoir opéré l'effet desirable, et c'étaient des hommes d'un caractère estimé.

Si le désordre n'eut donc pas été arrêté dans son principe, il y avait danger probable qu'il n'eût des imitateurs dans d'autres points des États-Unis ; et que l'insurrection de Pittsburg elle-même devenant plus formidable ne fût par la suite le germe de sérieuses dissentions intérieures, qui auraient peut-être entraîné une grande effusion de sang avant que l'on eût pu les terminer.

A quel point M. Hamilton, car tout le monde s'accorde à convenir qu'il a dirigé cette opération, à quel point, dis-je, a-t-il proportionné les moyens à la nécessité ? C'est sur quoi je n'entreprendrai pas de prononcer; car la nécessité était, dans cette circonstance, composée de différens élémens.

Il fallait d'abord appaiser l'insurrection : mais il fallait intéresser l'opinion publique à l'anéantissement de ce désordre, et par elle pourvoir à ce qu'il ne se reproduisît pas à l'avenir. Cet important objet ne pouvait être mieux atteint que par la convocation de la milice de plusieurs États. Les milices des différens comtés de Pensylvanie, environnant les lieux de l'insurrection eussent-elles été toutes unanimement disposées à servir dans cette cause, ce dont il était permis de douter, les employer seules eût été risquer de semer des germes profonds de discorde et de haine dans cet État; ce danger était sauvé en appelant à ce service des milices des autres États.

C'était d'ailleurs une occasion favorable d'essayer la partie de la constitution qui met au pouvoir du Président des États-Unis la convocation des milices des États particuliers, et d'éprouver l'attachement du peuple américain pour cette constitution ; un tel essai ne pouvait être tenté sous de meilleurs auspices que sous la présidence de George Washington, qui jouissait alors d'une popularité immense.

Qu'il s'y soit mêlé de l'animosité particulière de M. Hamilton, comme il en a été accusé, c'est ce que je répugnerai toujours à croire ; son caractère s'oppose à cette opinion, et les raisons capitales qui motivaient cette expédition, suffisaient seules pour en faire reconnaître la nécessité.

Il se peut, et je suis porté à le penser, que cette expédition, à laquelle quinze mille hommes ont été employés, n'aurait pas eu moins de succès dans tous ses rapports, avec une force des deux tiers moins considérable; et que par conséquent, la dépense immense qui a résulté de la marche de cette armée à travers un pays peu habité, et des approvisionnemens qu'il fallait tirer de Philadelphie, aurait pu être considérablement économisée. L'excès de dépenses au-delà de l'exacte nécessité est sans doute un grand mal dans tout gouvernement. Mais encore pourrait-on dire que la démonstration de cette grande force, que l'ordre donné aux milices qui ne marchaient pas de se tenir prêtes à marcher au nombre de quatrevingt mille hommes, ont rendu la soumission des insurgens plus prompte et plus entière.

Quoiqu'il en soit, ou de l'excès dans les dépenses, ou des vues cachées des hommes influens, l'expédition a eu un effet desirable pour tous les bons citoyens; l'adhésion aux mesures du gouvernement, et l'attachement à la constitution ont été généralement exprimés; ils ont été manifestés sincèrement et fortement par les fédéralistes et par les anti-fédéralistes; et quoique le parti opposé accusât quelques-uns de ceux-ci d'être les promoteurs de l'insurrection, aucun d'entr'eux n'a pu seulement y être trouvé compromis. Des hommes de différentes opinions politiques, ont marché volontaires dans les milices de leur État, ont abandonné leurs affaires, leurs familles, pour servir la chose publique. Tous ont prouvé que le maintien de l'ordre et le respect pour les loix étaient unanimement regardés comme le devoir, comme l'intérêt de tout bon citoyen. Une seule goute de sang n'a pas été répandue, et le vœu général des différentes parties des États-Unis, a suivi cette expédition dans toute sa durée, qui a été de quatre mois.

J'étais à Philadelphie depuis peu de jours, quand la milice de cette ville est rentrée de cette expédition, et je trouve dans un journal que je tenais alors des impressions que je recevais de tous les objets nouveaux dont j'étais frappé, celle que me causa l'arrivée de cette milice; je la consigne ici.

« Les bataillons ne sont revenus de cette » expédition qu'au commencement de décem- » bre; leur retour a vraiment été une fête » publique pour la ville; non de ces fêtes » que nous avons vu souvent ordonner en » Europe par les gouvernemens, dont la

» grande dépense, le tumulte et le désordre
» étaient les résultats les plus certains; mais
» de celles que l'esprit public seul peut don-
» ner et recevoir, et peut-être seulement
» dans une semblable occasion, dont le bien
» public est l'objet.

» Le jour de leur arrivée était annoncé;
» leurs frères d'armes restés à Philadelphie,
» ou déjà partiellement revenus de l'expédi-
» tion, se sont portés en corps à leur ren-
» contre, à trois milles en avant de la ville;
» presque tous les habitans sont sortis de
» leurs demeures, ou pour aller au-devant
» de la troupe, ou pour se trouver sur son
» passage; la plupart avaient à y revoir un
» fils, un frère, un cousin, un ami, un ob-
» jet quelconque d'intérêt: tous y voyaient
» les défenseurs de la loi, l'objet de la re-
» connaissance publique. Les milices sorties
» de la ville, ont, en rencontrant les autres,
» formé leur avant-garde et leur arrière-garde;
» celles qui revenaient ont continué leur
» marche. La foule qui les pressait n'en trou-
» blait pas l'ordre; leurs bataillons marchaient
» en colonne par rangs à cinq ou six pas de
» distance. Les hommes qui les composaient,
» jeunes pour la plupart, avaient bon air,
» marchaient bien: ils étaient vêtus uniformé-

» ment, et portaient un gros havresac, dont » aucun ne paraissait fatigué. Leurs regards » cherchaient et recevaient avec satisfaction » ceux que l'affection et la joie leur en- » voyaient de toutes parts ; mais ils ne sor- » taient pas de leurs rangs, et la régula- » rité de leur marche n'en était pas inter- » rompue. C'est ainsi qu'ils ont traversé » la ville au milieu des acclamations pu- » bliques.

» Le Président, dont la maison est sur » leur passage, en est sorti, a reçu leurs » saluts, a joint son applaudissement à celui » de tous les autres citoyens ; et cet applau- » dissement a, pour les bataillons, surpassé » à lui seul la valeur de tous les autres. Ar- » rivés devant la maison de l'État, ils y ont » remis leurs drapeaux et ont été licen- » ciés.

» Alors les parens, les amis, les amies, » se sont emparés de ces soldats qui leur » étaient rendus. Le souvenir de la crainte » qu'on avait à leur départ des dangers qu'ils » allaient courir, augmentait le plaisir de » les revoir, quoiqu'ils n'en eussent couru » aucun ; ils étaient serrés, embrassés, con- » duits chez eux ; chacun avait autour de » lui un petit groupe, composé des objets

» auxquels il était le plus cher ; et les citoyens, qu'aucun sentiment particulier n'y » faisait réunir, applaudissaient avec attendrissement au repos et au bonheur que » ces enfans de la patrie allaient retrouver » dans leurs familles. Hommes d'Europe ou » d'Amérique, personne n'était étranger à ce » spectacle à-la-fois touchant et élevant. Les » larmes coulaient de bien des yeux.

» Tel est le récit exact de cette fête, où » ceux qui y ont pris part ont ressenti plus » de bonheur que de gaîté, et où la chose » publique a dû recueillir l'assurance de retrouver, toutes les fois qu'elle en aurait » besoin, le même dévouement que celui » qui venait d'être ainsi couronné ».

Relations avec les Indiens.

La loi qui a pour objet de régler les rapports des citoyens des États-Unis avec les peuples Indiens dont ils sont environnés, est de mai 1796. Elle n'a d'effet que pour deux ans, ainsi que celles précédemment faites à cet égard; mais elle contient des dispositions plus libérales, plus justes, et sur-tout plus positivement expliquées que les précédentes.

Par cette loi, le Président doit faire déterminer et marquer, aussi clairement qu'il sera possible, les limites entre le territoire des États-Unis et ceux occupés par les différentes tribus d'Indiens qui les avoisinent.

Il est défendu à tous les habitans des États-Unis d'aller chasser, ou enlever des bestiaux, dans aucune partie des territoires reconnus par le traité être la propriété ou la jouissance des Indiens, sous peine d'une amende de cent dollars et d'un emprisonnement de six mois.

Il est défendu, sous peine d'une amende de cinquante dollars, et d'un emprisonnement de trois mois, d'entrer dans le territoire des Indiens au Sud de l'Ohio, sans le passeport du gouverneur d'un des États, ou des commandans militaires des postes voisins de ces territoires.

Tout vol, escroquerie et délit quelconque commis contre les Indiens par un habitant des États-Unis, et dans le territoire des États-Unis, est puni d'une amende de cent dollars et d'un emprisonnement de douze mois, indépendamment de la restitution des objets volés, ou détruits, ou de leur valeur.

Si le délinquant n'est pas en état de payer cette valeur, les États-Unis en répondent, pourvu toutefois que l'Indien offensé ne se soit pas vengé lui-même, auquel cas la restitution n'a pas lieu.

Tout habitant des États-Unis qui s'établit ou tente de s'établir dans le territoire des Indiens, doit en être rappelé par le Président des États-Unis, payer mille dollars d'amende et être emprisonné douze mois.

Tout habitant qui tuerait, dans le territoire des Indiens, un Indien appartenant à une tribu en amitié avec les États-Unis, serait puni de mort.

Tout commerce avec les Indiens est défendu sans une permission de l'agent principal des États-Unis sur les frontières des Indiens où ce commerce doit avoir lieu; et ceux qui ont cette permission ne peuvent acheter des Indiens aucun des ustensiles utiles au ménage, à la chasse, ou à l'agriculture.

Ils ne peuvent acheter, ni des Indiens, ni des Blancs résidans parmi eux, aucun cheval sans une permission expresse de l'agent principal.

Cette loi soumet les Indiens aux mêmes défenses respectives que les Blancs.

L'Indien coupable peut être arrêté dans le territoire des États-Unis.

S'il ne l'est pas, l'habitant qui en a reçu dommage doit adresser ses plaintes motivées à l'agent des États-Unis; celui-ci demande satisfaction à la nation, ou tribu, à laquelle cet Indien appartient, et en rend compte au Président.

Si la satisfaction n'est pas rendue, le trésor des États-Unis dédommage l'habitant qui a souffert de ces pertes, et cette somme est prise sur les subsides accordés par les États-Unis à cette tribu.

Les cours des États-Unis, et aussi les cours des États particuliers, quand il n'y a pas peine de mort à prononcer, connaissent de tous ces délits, même quand ils ont eu lieu dans le territoire appartenant aux Indiens.

Les troupes des États-Unis établies sur la ligne des frontières des Indiens, doivent arrêter les délinquans Blancs, même sur le territoire des Indiens, et ils doivent l'être dans toutes les parties des États-Unis où ils seraient trouvés.

Cette loi, sage et juste dans ses dispositions, est loin d'être ponctuellement exécutée. Les limites des États-Unis, voisines des Indiens, sont habités par une espèce de peuples, toujours en hostilité avec eux. L'avidité, le desir et le projet de les piller, sont les motifs du choix qu'ils ont fait de ces frontières pour leur établissement, et la cause de la haine constante qu'ils portent à ces Indiens.

Cette classe d'habitans est, au dire de tout ce qui n'est pas elle, la plus mauvaise espèce de toute l'Amérique et à peu-près du monde entier. Les sentimens, et jusques à l'idée de l'honnêteté et de l'humanité lui sont inconnus. Ce sont tous des hommes pillards et féroces; et de bien légères nuances mettent quelque distinction entr'eux à cet égard : aussi ne se trouve-t-il le plus souvent, ni dénonciateurs, ni témoins, ni jurys ponr le procès qui devrait être fait à l'habitant qui commet un délit, ou un crime, contre un Indien.

L'Américain, sur-tout celui des frontières, ne croit pas plus que l'Indien est un homme, que certains colons des Antilles ne croyent qu'un nègre appartient à l'espèce humaine.

Les vexations, les usurpations et les crimes des Blancs contre les Indiens ne sont donc jamais punis, au moins les cas en sont-ils tellement rares qu'on en pourrait à peine citer un.

L'Indien de son côté, vexé, pillé, prend l'habitude du vol et du pillage, dont il a l'exemple, et dont il est la victime; et comme il étend, à la manière sauvage, sa vengeance sur tous les individus de la couleur de celui qui l'a offensé, les Blancs, s'il s'en trouvait de moins disposés que les autres au vol et à la haine contre les Indiens, prendraient encore cette disposition par crainte, ou par sûreté. Les Indiens disent aussi que ceux qui se tiennent habituellement auprès des frontières, sont la plus mauvaise espèce de leurs tribus.

Le gouvernement des États-Unis manque de force pour arrêter ces désordres; les gouvernemens des États particuliers ne s'en occupent pas: chacun parle de cet horrible état des choses, comme d'un malheur dont les principales, et sur-tout les premières causes et les premiers torts appartiennent aux Blancs; mais comme le mal est habituel, et si ancien que l'on n'y voit pas le remède facile, chacun en parle sans horreur.

Ainsi, il n'est pas possible de prévoir que les cruelles et avides vexations commises contre les Indiens par les Américains habitans des frontières ayent jamais de fin. Il faut ajouter aussi qu'il est peu d'Américains qui n'ayent le desir, et même le projet, s'ils pouvaient l'exécuter, de pousser les Indiens au-delà du Mississipi, et même jusques dans la mer du Sud, qui dans l'ambition peu réfléchie de beaucoup d'entr'eux, est la seule limite que doivent avoir les États-Unis.

Une autre loi du mois d'avril de la même année 1796, et dont la durée n'est également que pour deux ans, établit un commerce avec les Indiens, voisins des États-Unis, sous l'autorité du Président.

Cent cinquante mille dollars sont destinés à ce commerce, qui a pour objet de fournir les Indiens de toutes les provisions et ustensiles dont ils ont besoin, et d'acheter d'eux des peaux et des fourrures.

La loi veut que les prix des objets vendus aux Indiens soient réglés de façon seulement que les États-Unis n'y perdent rien de leurs capitaux. Elle défend aux agens employés dans ce commerce, d'en faire aucun pour leur propre compte directement ou indirectement, et de tromper les Indiens; elle les soumet à des amendes plus ou moins fortes, selon la nature de leurs contraventions à ces dispositions. Les cours de district de l'État où les magasins pour ce commerce sont établis, ont connaissance de ces délits.

Quand on connaît l'esprit de ceux qui traitent avec les Indiens, on est assnré que les dispositions libérales de cette loi ne sont pas ponctuellement exécutées.

C'est

C'est ici le lieu de dire un mot sur la question de la civilisation des Indiens.

Que la civilisation soit un bien ou un mal pour ceux qui vivent dans l'immensité des bois nécessaires à leur subsistance, c'est une question toute métaphysique que je n'ai pas l'intention de traiter.

Mais que les Indiens dépouillés des dix-neuf vingtièmes de leur territoire, et resserrés au milieu des Blancs dans un terrein qui ne peut pourvoir à leur vie sauvage, doivent être civilisés, c'est une vérité incontestable : car dans une telle situation il faut ou travailler à leur civilisation, ou les détruire ; et ce dernier parti ne peut être encore hautement avoué.

On trouve l'opinion établie en Amérique, parmi ceux même qui paraissent les plus exempts de préjugés, que les Indiens ne peuvent jamais être civilisés ; que l'éducation la plus suivie, les soins les plus prolongés ne peuvent rompre leurs habitudes sauvages, auxquelles ils recourent avec passion du sein de l'aisance et des mœurs de la société blanche, et on cite une infinité d'exemples d'Indiens, qui élevés à Philadelphie, à New-Yorck, et même en Europe, n'ont cessé d'y soupirer après leur tribu, et ont tout quitté pour aller la rejoindre dès qu'ils en ont eu la facilité. Ainsi cette assertion appuyée de tant d'exemples devient une vérité reçue.

Cependant il n'est aucun raisonnement qui puisse permettre de croire à cette prétendue vérité ; et les preuves de faits que l'on met en avant pour la soutenir, ne sont pas de nature à forcer le raisonnement à se taire. Les Indiens, dont l'éducation a été tentée, ou que l'on dit l'avoir été, avaient déjà passé quelques années de leur vie dans la tribu à laquelle ils appartenaient, transportés seuls de leur espèce au milieu des Blancs, différens de langage originaire, d'habitudes premières et de couleur, même souvent de vêtement, ils y étaient comme isolés, ils étaient vus par les Blancs comme des hommes d'une espèce différente ; on ne tentait même pas de leur faire oublier qu'ils étaient d'une nation existante, dont les mœurs, les habitudes avaient fixé leur première attention, et avaient ainsi fait sur eux une impression profonde ; si arrivés à l'âge d'hommes ils éprouvaient pour une blanche l'affection qui les portait au désir de s'unir à elle, la différence de couleur était un obstacle insurmontable. Peut-on s'étonner que ces Indiens s'empressassent à recourir à leur tribu, dont le souvenir n'était pas éteint en eux, et où seulement ils pouvaient trouver des semblables, et tous les plaisirs qui attachent l'homme à la vie?

De ces exemples tant cités il résulte donc qu'un Indien élevé à trois cents milles de sa nation dans un collége américain, peut difficilement oublier ses habitudes originales, et cesser de les préférer; voilà tout ce qu'on peut en déduire. Encore voit-on dans le Connecticut, dans l'État de New-Yorck, un nombre assez considérable d'Indiens, hommes et femmes attachés comme domestiques à des familles blanches européennes ou devenues américaines, et y servant aussi bien, aussi constamment que ceux d'une autre espèce.

Mais cela ne signifie rien quand à la civilisation des nations entières, qui est le seul objet dont on puisse se promettre, et pour elles-mêmes et pour la société en général, une utilité réelle. La pénible difficulté avec laquelle se réforment les plus petites habitudes d'un peuple policé, d'une famille, même d'un individu, montre assez de quels obstacles doit être accompagnés la civilisation d'un peuple sauvage; et cependant au milieu de nos grandes sociétés, les lumières environnantes les peuples, les familles, les individus policés offrent un puissant secours à la réforme. Ce ne seront donc que des soins continuels donnés selon les progrès et les circonstances, et prolongés auprès de plusieurs générations successives, qui pourront opérer cette civilisation entière, laquelle, encore une fois, ne saurait l'être que graduellement. La conviction de l'utilité de cette fin peut seule faire triompher des obstacles qui s'y opposeraient, et en triomphera avec certitude. Il n'est, ni de mon sujet, ni de l'étendue de cet ouvrage d'en indiquer la marche. Les hommes, amis de l'humanité, les trouveront facilement dans leur intelligence et dans leur courage; mais des individus, des sociétés même n'opéreront jamais cet utile changement, si les gouvernemens dans le territoire desquels se trouvent les tribus indiennes n'y concourent de toute leur volonté. Or celle-ci ne pourrait être que le résultat de leur conviction intime des avantages de cette tentative; et jusqu'ici aucuns des gouvernemens américains ne paraissent être pénetrés de cette conviction; tous envisagent au contraire la parcelle de terre laissée à ces pauvres Indiens comme l'apanage de leur propre souveraineté, comme une sorte de prêt que leur bienveillance veut bien faire à ces malheureux; ce sont, à leurs yeux des hôtes passagers qui ne doivent pas demeurer longtems dans leur territoire.

De telles idées, plus ou moins avouées, nourries par la cupidité, rejettent bien loin celle d'un projet de civilisation, et donnent bien plus de consistance aux préjugés qui font croire cette civilisation impossible.

Cependant quelques tribus, les *Oneydas*, par exemple, dans l'État de New-Yorck, quelques autres dans le Canada, sont assez avancées vers l'état de civilisation ; elles travaillent, cultivent, trafiquent, et sentent même la nécessité d'une civilisation entière. Les Quakers, les Moraves en portent les principes dans des tribus plus éloignées ; mais leurs respectables efforts ne peuvent rien produire d'utile, ou du moins de complet sans l'influence et la direction des gouvernemens. La civilisation de ces peuples doit être une œuvre de législation, d'administration générale, elle est au-dessus des efforts de l'esprit de charité ou d'assistance particulière. Les sociétés bienfaisantes dont je viens de parler pourraient y être employées avec utilité ; elles sont de génération en génération susceptibles de la longue patience, du courage inaltérable, qui en assurera les succès ; mais encore une fois, elles ne peuvent être à cet égard que les instrumens d'un gouvernement éclairé, qui, convaincu que la civilisation des Indiens vivans vers ces frontières, est un bienfait pour l'humanité, un moyen d'augmentation de débit pour les productions de son territoire, une augmentation de richesse pour ses citoyens et de puissance pour son État et pour l'Union, concevra et suivra sans relâche les moyens d'y parvenir.

C'est cette révolution dans les esprits des gouvernemens américains qu'il faut désirer sans en concevoir trop l'espérance. Elle choque trop d'intérêts particuliers, qui bien que très-contraires à l'intérêt général, n'en parlent pas moins haut, et n'en sont pas moins écoutés.

Naturalisation.

Le droit de citoyen, ou la naturalisation, que les États bornés dans leurs limites et très-populeux, peuvent trouver politique d'accorder avec difficulté, doivent être rendus plus faciles à obtenir dans un pays d'une immense étendue, d'une population très-disproportionnée, et où les capitaux et l'industrie étrangère sont nécessaires.

En 1790 le congrès fixa à deux années de

résidence dans le territoire des États-Unis, dont une dans le même État de l'Union, la condition suffisante pour être naturalisé citoyen des États-Unis. Le serment fait devant quelque cour que ce fut, d'être fidèle à la constitution, et de la défendre était la seule formalité exigée, et cette naturalisation du père entraînait de droit celle de ses enfans, dont l'âge était au-dessous de vingt-un ans lors de son serment, fussent-ils nés dans une terre étrangère.

En 1793 les conditions furent rendues plus difficiles. L'insurrection de Pittsburg venait d'avoir lieu. Le gouvernement l'attribuait aux étrangers récemment arrivés d'Irlande, qui formaient, assurait-il, le plus grand nombre des insurgés, et qui faciles à égarer par les factieux présentaient le danger certain de porter aux places les gens qui abusaient aussi dangereusement du crédit qu'ils savaient prendre sur eux. Il fallait éviter ce mal pour l'avenir, en rendant plus difficile le droit de voter aux élections, ce qui ne se pouvait qu'en diminuant la facilité accordée jusqu'alors à la naturalisation. Ainsi raisonnait le parti du gouvernement.

Le parti de l'opposition se prêtait à la même mesure, mais par des motifs différens.

Le sort de la révolution française n'était pas encore fixé. Il semblait probable que plus d'un État en Europe était destiné à éprouver des révolutions. Les classes les plus riches, celles qu'on appelle en Europe les plus distinguées, devaient encore, suivant la vraisemblance, être victimes de ces révolutions; un grand nombre de ces individus devaient donc venir chercher asyle en Amérique, et y apporter ce qu'ils pourraient sauver de leurs fortunes : ils devaient y apporter aussi leurs habitudes et leurs préjugés, absolument contraires à l'esprit républicain que ce parti voulait entretenir et ranimer, et fort analogue à l'esprit aristocratique qu'il accusait l'autre parti de vouloir introduire. Une plus grande difficulté, mise à l'acquisition du droit de citoyen, éloignait ce danger, et diminuait probablement même le nombre des émigrans de cette classe.

C'est à cette combinaison des calculs des deux partis, qu'est due la nouvelle loi de naturalisation, qui, ayant éprouvé de longs et vifs débats dans ses détails, était, dans son intention capitale, désirée des deux côtés.

Par cette loi, le tems exigé pour être citoyen des États-Unis est porté à cinq années de résidence dans leur territoire, dont l'une dans l'État où le nouvel arrivé fait son serment. Trois ans au moins avant qu'il soit admis à ce serment définitif, il doit se présenter devant une des cours fédérales, et y déclarer, sous serment, que son intention sincère est de devenir citoyen des États-Unis, et de renoncer à toute dépendance et fidélité pour aucun Prince, Potentat, État, ou Souveraineté quelconque, en spécifiant particulièrement le Prince, l'État, ou la Souveraineté dont il est actuellement sujet. Son serment définitif, fait aussi devant une cour fédérale, doit exprimer la même position, renonciation, et celle de ses titres de noblesse, s'il appartenait à cette classe dans le pays où il est né, ou dont il arrive ; il y doit joindre le serment de fidélité à la constitution des États-Unis. Ces deux sermens sont enregistrés dans les cours où ils sont faits.

Les dispositions de la loi, pour le titre que donne aux enfans au-dessous de vingt-un ans, la naturalisation de leurs pères, sont les mêmes que dans la loi précédente.

La condition de cinq années de résidence, exigée par cette loi pour être naturalisé citoyen des États-Unis, n'est pas exigée de ceux qui étaient arrivés en Amérique avant sa promulgation ; ils peuvent l'être après deux ans ; mais le serment prescrit par cette nouvelle loi est indispensablement exigé.

Dénombrement et population.

La constitution, en prescrivant que le dénombrement général de tous les habitans des États-Unis fût fait dans les trois années qui suivraient son acceptation, ordonnait, que, par la suite, le même dénombrement serait renouvelé tous les dix ans ; et laissait au congrès à en régler le mode par une loi. Cette loi a été passée le 1er. mars 1790.

Le maréchal de chaque district (*) est chargé en chef du dénombrement de l'État où il exerce ses fonctions. Il peut se faire aider, dans ce travail, par autant d'assistans qu'il le juge à propos. Il doit en adresser le résultat au Président des États-Unis ; distinguant, dans le tableau de la population, la population mâle et libre au-dessous et au-

(*) Cet office est le même auprès des cours de justice des États-Unis, que celui de shériff auprès de celles des États particuliers ; le district n'étant autre chose qu'un État, considéré seulement sous le rapport de l'ordre judiciaire, c'est l'étendue du ressort d'un juge de district, et on a vu à l'article de l'ordre judiciaire qu'il y en a un par État.

dessus de seize ans, les femmes et filles libres de tout âge, et les esclaves.

Les Indiens, qui peuvent habiter les districts, ne doivent pas être compris dans les états de population.

Chaque assistant doit, avant d'envoyer son travail au maréchal, l'afficher dans deux ou trois des lieux d'assemblées les plus fréquentés de son arrondissement, pour y recevoir les corrections que les habitans jugeront, avec connaissance de causes, devoir y être faites.

Chaque chef de famille, qui se refuserait à donner à l'assistant, lors de son travail, le dénombrement de sa famille, ou le lui donnerait incorrect, encourrait la peine d'une amende de vingt dollars. L'assistant en encourrait lui-même une de deux cents dollars, si son travail était incorrect, ou s'il n'était pas envoyé au maréchal du district à l'époque prescrite. Le maréchal serait lui-même puni d'une amende de huit cents dollars, s'il altérait le travail de ses assistans, ou s'il n'envoyait pas le sien au Président des États-Unis dans le tems ordonné.

Chaque maréchal reçoit, pour salaire de ce travail, depuis deux cents jusqu'à cinq cents dollars, selon l'étendue de son district. L'assistant pour son travail particulier, reçoit autant de dollars qu'il a dénombré de fois cent cinquante personnes dans les campagnes, ou trois cents personnes dans les villes, dont les habitations sont contigües.

Quelquefois il reçoit le même salaire, en raison de chaque fois cinquante personnes, quand son travail doit se faire dans les lieux où les habitations sont très-éparses.

Les juges de district règlent l'application de ces proportions d'après l'avis, et à la demande du maréchal.

Chacune des copies que l'assistant fait afficher de son travail lui est payé deux dollars.

Tout ce travail du dénombrement doit être fait en neuf mois. La dépense totale en est estimée à quarante mille dollars chaque fois qu'il a lieu.

Le dénombrement fait en 1791, en vertu de cette loi, a donné pour résultat une population de trois millions neuf cent vingt-neuf mille trois cent vingt-six habitans, dont trois millions deux cent trente-un mille six cent vingt-neuf libres, parmi lesquels cinquante-sept mille sept cent sept nègres ou personnes de couleur, et six cent quatrevingt-dix-sept mille six cent quatrevingt-onze esclaves.

Dans ce nombre, les habitans du territoire de l'Ouest ne sont pas compris ; mais la population y est si peu considérable, que son addition n'ajouterait aucune différence importante au nombre total.

On croit, et sur une suite d'observations partielles qui présentent quelque vraisemblance, que la population se double tous les quinze ans dans les États-Unis, et l'on ne compte pour rien dans ce calcul l'émigration d'Europe, qui varie plus ou moins annuellement, qui est aujourd'hui moins forte qu'elle ne l'était il y a quelques années, et dont le nombre exact ne peut jamais se connaître, parce qu'aucun registre n'en est tenu dans les différentes parties où arrive cette émigration, principalement composée d'Irlandais. Mais pour ne pas faire un calcul trop avantageux sur l'accroissement de la population des États-Unis, je ne la suppose doublée qu'en vingt ans, c'est-à-dire de cinq pour cent par année.

Elle était en 1791 de quatre millions ; elle sera en vingt ans portée à huit millions ; en quarante ans à seize ; en soixante à trente-deux ; en quatrevingt à soixante-quatre ; et en quatrevingt-cinq ans à quatrevingt millions : alors le territoire des États-Unis sera peuplé dans la même proportion que l'était la France avant la révolution.

Car l'étendue du territoire possédé ou prétendu par les États-Unis était après la guerre, de *six cent quarante millions* d'acres.

Dont il fallait déduire pour les lacs et rivières *cinquante-un millions* ; restait *cinq cent quatrevingt-neuf millions* d'acres.

Sur quoi les États-Unis en ont cédé aux Indiens dont ils ont reconnu les droits, *deux cent vingt millions*.

Ce qui réduisait la possession à *trois cent soixante-neuf millions*.

Mais par le traité avec l'Angleterre en 1795, leur territoire a été accru de *vingt-trois millions* d'acres.

L'étendue actuelle est donc de *trois cent quatrevingt-deux millions* d'acres.

Dans ces calculs j'ai négligé les appoints ; les géographes et les arpenteurs américains portent l'étendue du territoire à *trois cent quatrevingt-deux millions quatre cent vingt-un mille sept cent cinquante* acres.

La France, lors du dénombrement fait par l'assemblée constituante, avait *vingt-sept millions cent soixante-neuf mille* habitans, et son étendue était à la même époque antérieure à ses conquêtes, de *vingt-six mille neuf cent soixante lieues* quarrées de deux mille deux cent quatrevingt toises à la lieue, dont le total égal *cent trente-un millions deux cent vingt-deux mille deux cent quatrevingt-quinze* acres ; elle était avec les États-Unis, quant à l'étendue du territoire, comme neuf à vingt-six ou à peu-près.

Il faut donc aux États-Unis une population de quatrevingt millions d'habitans ou à peu-près, pour être peuplés dans la même proportion que la France, et on a vu que d'après les calculs les moins favorables, ils devaient y être parvenus en 1876.

Voilà sans doute un fonds énorme, une grande et immanquable source de prospérité, quand sur-tout une telle population est destinée à être répandue sur des terres faciles à rendre fertiles, sur un pays arrosé des plus belles rivières, avec les moyens d'une navigation intérieure presque dans tous ses points.

Il est vrai que cette progression croissante de population peut-être diminuée par plusieurs circonstances ; que même il n'est pas douteux que cette progression deviendra moins forte, à mesure que la population arrivera à un plus grand nombre. Car alors les mariages seront moins fréquens, moins hâtifs, et probablement moins féconds. Mais il n'est pas nécessaire aux États-Unis d'arriver à ce haut terme de population pour mettre à profit l'abondance et la richesse de leur sol, pour entretenir une industrie active, et alimenter de ses produits un commerce solide et riche; et dussent-ils n'arriver jamais qu'aux deux tiers ou à la moitié de la population, à laquelle les calculs indiquent qu'ils pourraient parvenir en quatre-vingt-cinq années, ils en auront plus qu'il n'en sera nécessaire pour être une nation riche, heureuse, et respectable. De mauvaises loix, des principes illibéraux ou irréfléchis dans les législatures ou dans le gouvernement, peuvent seuls s'opposer à la prospérité et à la grandeur qui est leur destinée.

Monnaie des Etats-Unis.

Les États-Unis ont un hôtel des monnaies. La loi qui en ordonne l'établissement est du mois d'avril 1792. Elle règle la division, les valeurs, et le titre de la monnaie des États-Unis.

La division de ces monnaies et leur valeur sont :

Monnaie d'or.

L'*aigle*, valant dix dollars.
Le *demi aigle*, valant cinq dollars.
Le *quart d'aigle*, deux dollars et demi.

Monnaie

Monnaie d'argent.

Le *dollar*, valant cent *cents*.
Le *demi-dollar*, valant cinquante *cents*.
Le *quart de dollar*, valant vingt-cinq *cents*.
La *dixme*, valant douze *cents* et demi.
La *demi-dixme*, valant six *cents* et un quart.

Monnaie de cuivre.

Le *cent*, valant un centième de dollar.
Le demi-*cent*, valant un cinquantième de dollar.

Le titre de ces monnaies est :

L'aigle doit contenir 247 grains et demi d'or pur, ou 270 grains d'or au titre, qui est ainsi réglé ; 11 parties d'or pur dans douze, et un douzième en alliage dont la moitié à-peu-près doit être en argent.

Le demi aigle doit contenir 123 grains et trois quarts de grain d'or pur, ou 135 grains d'or au titre.

Le quart d'aigle doit contenir 61 grains d'or pur, ou 67 grains et demi d'or au titre.

Le dollar doit contenir 371 grains et un quart d'argent pur, ou 416 grains d'argent au titre.

Le titre de l'argent est mille quatre cent quatrevingt-cinq parties d'argent pur, contre cent soixante-dix-neuf parties d'alliage, qui est du cuivre pur.

Le demi-dollar doit contenir cent quatre-vingt-cinq grains et cinq huitièmes de grain d'argent pur, ou deux cent huit grains d'argent au titre.

Le quart de dollar doit contenir quatre-vingt-douze grains et treize seizièmes de grain d'argent pur, ou cent quatre grains d'argent au titre.

La dixme doit contenir trente-sept grains et un huitième de grain d'argent pur, ou cinquante-deux grains d'argent au titre.

La demi-dixme doit contenir dix-huit grains et un seizième de grain d'argent pur, ou vingt-six grains d'argent au titre.

Le *cent* doit contenir onze deniers de poids de cuivre.

Le demi-*cent* doit en contenir cinq et demi.

Les monnaies d'or ou d'argent, doivent selon la loi, porter sur une de leurs faces une figure emblématique de la liberté, et l'inscription du mot *liberté,* et sur l'autre face l'aigle des États-Unis, avec les mots *États-Unis.*

Les monnaies de cuivre doivent, à la place de l'aigle américain, porter comme inscription la dénomination de leur valeur.

La valeur proportionnelle de l'or et de l'argent monnoyé, au coin des États-Unis, est déterminée d'un à quinze en poids d'or et d'argent pur ; c'est-à-dire qu'une livre d'or équivaut à quinze livres d'argent.

Cette loi contient d'ailleurs toutes les dispositions réglementaires nécessaires à cet établissement, et charge le Président d'ordonner et de surveiller les dépenses des bâtimens, machines, etc.

Tous les comptes des États-Unis doivent se faire en cette dénomination de monnaie.

Le dollar d'Espagne est la seule pièce de monnaie étrangère qui ait cours dans les États-Unis comme monnaie, toutes les autres qui avaient reçu une évaluation par la loi, ne sont depuis 1795, reçues qu'au poids.

Un rapport du comité de la chambre des représentans a rendu compte au commencement de 1795, que la Monnaie, depuis son établissement, n'avait frappé en monnaie de cuivre, que 1,087,500 *cents*, égaux en valeur à 10,875 dollars ; et en monnaie d'argent que 34,165 dollars. Il attribue l'exiguité de ce produit aux différens embarras et retardemens que la Monnaie a trouvés dans le complettement de son établissement, dont les dépenses étaient alors élevées à 58,394 dollars.

Le directeur de la Monnaie, entrant en office à la fin de l'année 1795, en exposant la situation de la Monnaie, au jour du commencement de son administration, établit d'après les relevés des registres, que les pièces de monnaie déjà fabriquées depuis le principe de l'établissement et remises au trésor des États-Unis, étaient au premier décembre 1796:

Aigles.	8,875.
Demi-aigles.	12,106.
Quarts d'aigles.	66.
Dollars.	272,941.
Demi-dollars.	323,144.
Quarts de dollars.	5,894.
Dixmes.	22,135.
Demi-dixmes.	96,646.
Cents.	2,140,732.
Demi-cents.	258,014.

Valeur totale, 414,175 dollars 70 cents.

La plus grande partie de cette monnaie a été frappée dans l'année 1796. Cet établissement est jusques ici plus à charge qu'utile aux finances des États-Unis. En déduisant la valeur des monnaies frappées remises au trésor, il avait coûté à la fin de 1796 plus de cent vingt mille dollars, et le secrétaire de la trésorerie, dans son estimation des dépenses de l'année 1797, porte à quatorze mille celles attribuées à la Monnaie.

On estime à huit millions de dollars la valeur de la monnaie en circulation dans les États-Unis.

Apperçu succinct sur le climat et les mœurs des États-Unis.

Le territoire des États-Unis est coupé dans toute sa longueur par une chaîne de montagnes qui est la même sous différens noms. Quelques autres montagnes s'embranchent à cette chaîne dans différens points de son étendue, mais n'en ont elles-mêmes qu'une très-bornée. La longue chaîne qui fait la division des États-Unis, court du Nord-est au Sud-ouest. Les plaines laissées entr'elles et la mer sont très-étroites dans les provinces du Nord, et le terrein y est généralement pierreux, quoiqu'assez productif dans plusieurs points.

De la Pensylvanie à la Caroline du Nord, les plaines s'élargissent et le terrein est d'un sable gras, argileux et fertile; mais elles s'étendent bien plus encore de la Caroline du Sud à la Floride; le terrein alors est bas, plat, couvert d'eau, et semble un délaissement de mer peu ancien.

A l'Ouest de cette longue chaîne de montagnes, le vaste pays qui s'étend jusqu'au Missisipi est de la plus grande fertilité et arrosé des plus belles rivières qui se jettent dans ce grand fleuve ou dans l'Ohio qui, après un cours de quinze cents milles, s'y jette lui-même.

C'est cette longue chaîne de montagnes qui fait la division des eaux qui viennent rejoindre l'Atlantique, et de celles qui, se jetant dans le Missisipi et dans les rivières qui s'y déchargent, vont gagner le golfe du Mexique; comme il semble que les montagnes Jaunes, à huit cents ou neuf cents milles au-delà du Missisipi, divisent les eaux qui se jettent dans ce fleuve d'avec celles qui se jettent dans la mer du Sud.

La grande différence de latitude en produit une proportionnée dans les climats des différens États. La neige couvre le Vermont et la province de Main pendant cinq ou six mois de l'année, et l'hiver y en dure sept, tandis que l'hiver n'existe presque pas dans la Caroline du Sud, et moins encore en Géorgie, et que quand par hasard la neige y tombe, elle ne reste pas deux jours sur terre.

La variation subite dans la température, est un caractère commun au climat des différens États. Il n'est pas rare de voir le thermomètre descendre ou s'élever en vingt-quatre heures de 25 dégrés, selon la graduation de Farenheit, équivalant 11 degrés 1 neuvième de la graduation de Réaumur. Je l'ai vu plusieurs fois, et particulièrement en avril 1796, descendre en douze heures, du vingtième dégré de Réaumur, égal au soixante et dix-septième de Farenheit, à cinq de Réaumur, égal à quarante-quatre et demi de Farenheit, et cette même observation a été faite à Wilmington en Delaware, et à Baltimore.

Le froid est d'ailleurs incomparablement plus fort et plus durable en Amérique qu'en Europe, dans les mêmes latitudes, et la chaleur plus brûlante, plus oppressive, et plus insupportable.

Il est même à remarquer que dans les différentes latitudes du continent de l'Amérique septentrionale, la chaleur diffère plus par sa durée que par sa force; en 1795, j'ai vu dans le Haut-Canada le thermomètre de Farenheit élevé en juillet au quatrevingt-douzième degré; dans le mois d'août de la même année, je l'ai vu à quatrevingt-seize à Albany. A Savannah en Géorgie, il n'est pas commun qu'il s'élève au-delà; et de Newark en Haut-Canada, ou Albany dans l'État de New-Yorck, à Savannah, il y a une différence de quatorze degrés de latitude ; mais le thermomètre reste un ou deux mois à Savannah à cette élévation, et rarement deux jours de suite dans les États du Nord.

Cette grande variabilité du climat affecte sensiblement la santé des habitans des États-Unis. On devient en Amérique plutôt vieux qu'en Europe, et les vieillards d'un âge avancé y sont beaucoup plus rares, sur-tout dans les États plus Sud que la Nouvelle Angleterre.

L'influence du climat est encore plus sensible sur les femmes. Jeunes, elles sont généralement jolies, et le sont plus particulièrement encore à Philadelphie ; mais dès vingt ans elles commencent souvent à perdre de leur fraîcheur ; à vingt-cinq beaucoup d'entre elles seraient prises pour des Européennes de quarante ; leurs couleurs sont passées, leurs formes s'altèrent déjà.

Si elles ont été plutôt mères, leur changement a été plus prématuré encore ; cependant, ni les veilles, ni l'abus des liqueurs chaudes, ni le défaut d'exercice, ni un exercice immodéré, ne peuvent servir de prétexte à cette précoce altération. Si dans les États de l'Est leur éclat est d'une durée plus longue, ce n'est que de peu.

Le nombre des enfans qui périssent en bas âge, est encore dans une proportion beaucoup plus grande qu'en Europe. Les rhumes, les coqueluches, les maux de gorge, en enlèvent une grande quantité.

Les maladies les plus communes dans tous les États sont les fluxions de poitrine, les consomptions, les fièvres bilieuses et putrides; je ne parle pas des fièvres intermittentes, les plus fréquentes de toutes, parce qu'elles ne sont pas mortelles, quoiqu'elles dégénèrent quelquefois en fièvres bilieuses.

Une maladie épidémique a fait depuis quelques années des ravages considérables dans les États-Unis. A Boston près, il n'est pas une ville maritime qui depuis cinq à six ans n'en ait éprouvé les désastres. Philadelphie, en 1793, a perdu par elle un dixième de sa population. Au moment que je quitte l'Amérique, cette ville est encore désolée par ce fléau; et si le nombre de ses victimes est moins considérable qu'il ne l'a été il y a quatre ans, c'est que les neuf dixièmes des habitans ont fui précipitamment à la première apparence de cette maladie; car parmi ceux qui sont restés, la proportion des morts paraît plus forte encore. Cette maladie ne se déclare que vers la fin de l'été, et ne cesse que quand le froid commence à s'établir. Je n'entreprendrai point de parler de ses caractères, qui semblent très-variés, ni de son traitement, sur lequel diffèrent les opinions de presque tous les médecins des États-Unis. Depuis 1793, un grand nombre d'écrits ont paru sur cette maladie, que quelques médecins croient importée des Antilles, que d'autres assurent être indigène, que les uns disent être de l'infection la plus communicative, que les autres soutiennent n'être pas même épidémique, et que quelques-uns encore disent n'être qu'une fièvre maligne d'un caractère grave.

Quoi qu'il en soit, l'effroi de cette maladie est tel, qu'il est à croire que souvent on la voit où elle n'est pas, et que bien des fièvres putrides simples reçoivent le nom et le traitement de la fièvre jaune.

Il est à remarquer toutefois, que cette maladie ne s'est pas encore déclarée dans aucune ville de l'intérieur des terres; que dans les villes maritimes où elle a été si cruelle, elle ne s'est presque jamais étendue au-delà des mêmes quartiers, et qu'enfin de tous les habitans de ces villes malheureuses, les Français sont ceux qui en ont été le moins attaqués. Un seul en est mort à Philadelphie en 1793, et quatre seulement cette année, où aucun Français n'a quitté la ville. L'usage plus circonspect qu'ils font généralement des liqueurs spiritueuses, est la raison que l'on donne du bonheur qu'ils ont d'échapper à ce danger, d'ailleurs universel.

On lit presque par-tout, que les espèces indigènes, hommes et animaux, sont plus petits en Amérique que dans l'ancien continent. Il faudrait avoir vu beaucoup plus d'animaux que je n'ai eu occasion d'en voir, et avoir multiplié ses observations personnelles, pour se former une opinion bien arrêtée dans cette grande question. Ce que j'ai vu d'animaux indigènes, ours, loups, panthères, renards, etc., m'ont effectivement paru moins grands que ceux de la même espèce de l'ancien monde; il est aussi reconnu qu'ils ont moins de férocité chacun dans leur espèce. Cependant on trouve, comme j'ai eu occasion de le dire, des ossemens qui n'ont pu appartenir qu'à des animaux d'une dimension beaucoup plus grande qu'aucun animal existant connu.

Les animaux domestiques importés d'Europe ne perdent rien de leurs dimensions, par leur habitation en Amérique, quand ils y trouvent la même nourriture, les mêmes soins qu'ils recevaient dans leur pays natal. J'ai vu des vaches dans la Nouvelle-Angleterre et dans plusieurs autres parties des États-Unis, aussi belles qu'en aucune autre partie du monde ; mais elles sont rares, parce que les bons soins donnés aux différentes branches de l'agriculture ne sont pas communs ; et toutefois est-il vrai que le lait donné par ces vaches en quantité à-peu-près égale à celle qu'elles donnent en Europe, produit un quart moins de beurre, et que la viande du bœuf, aussi belle qu'en Europe, est en Amérique moins substantielle ; cette vérité incontestable s'étend jusques sur les productions végétales ; et il est reconnu, par exemple, que la meilleure farine d'Amérique, faite dans les meilleurs moulins, avec le meilleur bled, n'égale ni en poids, ni en substance, les farines d'Europe, particulièrement celles connues dans le commerce sous le nom de farines de *Moissac*, qui, par cette raison, toujours plus chères que les farines américaines, leur sont toujours préférées dans les Antilles.

Quant aux Indiens, ceux que j'ai vus, sans être d'une stature remarquablement élevée, sont d'une taille ordinaire, et semblent forts et bien constitués. L'usage du rhum les affaiblit, les énerve, les fait vieillir vîte, et mourir assez tôt; mais ce n'est pas à la nature, ni au climat, que ce tort peut être reproché. Des voyageurs, qui ont vu beaucoup plus d'Indiens que moi, et sur-tout des Indiens moins rapprochés des habitations des blancs, m'ont assuré qu'ils avaient trouvé des tribus d'hommes fort grands, et toujours, comme le reste des hommes, plus forts en raison de leur plus grande sobriété.

Le règne végétal est, en Amérique, d'une abondance, d'une richesse admirable; et plus encore dans les États du Sud, où les plantes multipliées ont une croissance vive, forte, et où celles qui n'ont pas, ou qui n'ont que très-peu d'odeur dans les parties plus septentrionales, en exhalent une forte, et généralement agréable. M. de *Castiglioni*, voyageur italien, qui paraît avoir bien vu l'Amérique, et avoir particulièrement porté ses plus profondes recherches sur le règne végétal, dit que les végétaux qui croissent dans les États-Unis ont une grande correspondance avec ceux qui croissent sous les mêmes latitudes dans l'ancien continent. Au demeurant, tout ce que l'on peut juger des diverses natures de terre, des climats différens, et des produits végétaux dans les États-Unis, prouve évidemment qu'il n'est aucune production, au sucre près, dont le territrire des États-

Unis ne soit susceptible avec une culture appropriée. Peut-être, pour quelques-unes d'elles, le climat n'est-il pas encore assez fait; mais le nombre de celles-là, est, je crois, peu considérable.

La variété des oiseaux est grande en Amérique, et la plupart ont le plumage le plus riche, et le plus brillant. Il en est peu d'entièrement semblables à ceux de la même espèce en Europe, si même il en existe une seule espéce absolument pareille. Au *mocking-bird* près (l'oiseau moqueur) qui contrefait les cris de tous les autres oiseaux, il en est peu qui ayent un chant varié, ou même un joli chant; et la promenade des bois est, sous ce rapport, bien moins agréable qu'en Europe.

La différence frappante, et presque totale des produits animaux et végétaux des deux hémisphères, est loin d'être la même dans le règne minéral. La forme des montagnes, des rochers et des couches, ne diffère pas, dans l'Amérique septentrionale, de celle du vieux monde. On y trouve des espèces différentes de granit, combiné et varié comme dans les montagnes d'Europe; des schistes innombrables; des pierres à chaux plus ou moins parfaites, plus ou moins belles; et des minerais de presque toutes les espèces. Sur la côte Est de l'Atlantique, depuis la baie de Penobscot, jusqu'en Géorgie, et, m'a-t-on assuré, de-là jusqu'à l'embouchure du Mississipi, on ne trouve point de pierres d'une espèce secondaire, ou telles que l'on puisse y découvrir des traces du mode de leur formation ; elles sont toutes de l'espèce des granits, contenant dans leurs veines des quartz, des spaths calcaires, du marbre, et des minerais de différentes sortes ; mais aucune ne montre des traces de productions végétales ou animales enveloppées dans leurs couches.

A l'exception des montagnes du Canada, de celles des lacs George et Champlain, et des Alléghanys, les sommets de toutes les autres sont plats, et semblent évidemment avoir été formés sur le même niveau horisontal. Tout enfin, dans le règne minéral, indique un pays bien plus récemment sorti des eaux que les trois autres parties du monde.

Les caractères des habitans des différens États doivent avoir entr'eux autant de dissemblance que les climats des pays qu'ils habitent. Le climat lui-même, la formation originaire de ces colonies, leurs anciens gouvernemens, les peuples de nations diverses dont est composée la population des États-Unis, doivent imprimer, et impriment réellement cette différence entr'eux. La possession et l'habitude des esclaves, doivent à elles seules apporter une grande diversité dans leurs mœurs. J'ai tâché de donner une esquisse de ces différences, en parcourant les différens États. Il est cependant des traits généralement communs à tous les habitans des Etats-Unis; et l'on pourra trouver la cause de cette parité dans l'origine récente de tous ces peuples, dans les difficultés de toute nature qu'ont éprouvées leurs établissemens, enfin dans la constitution actuelle des États-Unis.

Les traits de caractère communs à tous, sont l'ardeur à entreprendre, le courage, l'avidité, et l'opinion avantageuse d'eux-mêmes. Le titre de *la nation la plus éclairée du monde entier*, qu'a donné au peuple des États-Unis le comité de la chambre des représentans, chargé de proposer la réponse de la chambre à l'adresse du Président, en décembre 1796, serait à lui seul la preuve de cette exagération de bonne opinion d'eux-mêmes, que je donne comme un caractère commun; surtout si l'on sait avec quelle peine, et après quelles longues discussions la chambre s'est déterminée à faire le sacrifice de ce superlatif, dont la modestie de la grande majorité des États-Unis n'aurait point été embarassée. Je cite cet exemple comme le plus frappant

et

et le plus national ; mais à vrai dire, presque tous les livres imprimés en Amérique, et les conversations individuelles des Américains, en fournissent de journaliers. Ce caractère qu'aucuns de ceux qui ont vu l'Amérique ne nieront pas, je crois, être celui des habitans des États-Unis, est une exagération de jeunesse, et passera avec elle. Leur courage sera moins irrécusable encore à tous ceux qui ont la plus légère notion des évènemens de la guerre de l'indépendance. Habitués à la fatigue dès leur enfance, ayant pour la plupart fait leur fortune par leur travail et leur industrie, la fatigue et le travail ne répugnent encore à presqu'aucun de ceux qui sont les plus aisés ; aimant à jouir de l'aisance et des douceurs de la vie, elles ne sont pas un besoin pour eux ; ils savent s'en passer ; ils savent les quitter pour voyager dans les bois, quand leur intérêt l'exige ; ils savent les oublier quand un revers de fortune les en prive ; ils savent recourir après la fortune quand elle leur échappe ; car, comme je l'ai dit bien des fois déjà, le désir de s'enrichir est leur passion dominante, et à vrai dire leur seule passion.

La ridicule assertion avancée par quelques écrivains, que le nouveau monde ne pouvait pas produire le génie et les talens comme l'ancien, a tellement été démontrée absurde, par la seule citation du nom de quelques habitans des États-Unis, dont le génie et les lumières honoreraient quelque pays que ce fût, qu'il n'est pas à supposer qu'elle se reproduise dorénavant. Il y a plus ; le peuple américain est intelligent, investigatif, disposé à l'instruction, et l'exemple des hommes sans éducation qui ont inventé, particulièrement en mécanique, et qui ont fait des ouvrages dignes des meilleurs ouvriers d'Europe, se pourrait citer plus d'une fois. Cependant comme il est certain que les hommes distingués en science et en littérature y sont dans une proportion beaucoup moins forte que dans les Etats Européens, quoiqu'en dise M. Morse, dans sa géographie, il doit exister une raison de cette différence : on la cherchera dans les moyens d'instruction moins complets, moins étendus, et sans doute ç'en est une ; mais il me semble qu'elle n'est que secondaire, et que cet état d'imperfection de l'éducation publique n'est lui-même que la conséquence d'une cause plus généralement influente, je veux dire, cette occupation continuelle de gagner de l'argent, commune à tous les états, à toutes les professions. L'étude des sciences et des lettres, exige surtout pour être portée un peu loin ; que l'esprit soit dégagé de toute autre occupation dominante ; elle demande l'emploi de toutes nos facultés, et l'on sait que la passion de l'argent est celle de toutes qui occupe le plus constamment la pensée de celui qui en est atteint, celle même qui rend l'esprit le moins susceptible de toute distraction, au moins de tout autre travail suivi.

En Europe, où la culture des sciences et des lettres est l'occupation principale de ceux qui s'y distinguent, et est, pour ainsi dire, un état particulier, on trouvera qu'aucune profession de la société n'a moins fourni de savans et de littérateurs, que celles qui emploient assiduement l'esprit à des calculs et des combinaisons de fortune ; et en Amérique on trouvera encore que ceux qui ont pu et qui pourraient aujourd'hui être comptés comme savans ou lettrés, étaient ou sont par caractère ou par situation les plus exempts de cette disposition commune à leurs concitoyens.

Un systême d'instruction plus complet, meilleur que celui qui est suivi généralement dans les collèges des États-Unis, n'augmenterait même que de peu le nombre des hommes qui se livrent aux sciences et aux lettres, tant que les mœurs continueront de diriger principalement vers la fortune, les vœux et les pensées. Le tems de l'éducation en Amérique est trop court ; un jeune homme est à peine arrivé à l'âge de seize ans, que ses parens sont empressés de le placer dans un comptoir de négociant, ou dans un bureau d'homme de loi. Il n'a pu acquérir encore dans le collège le degré d'instruction qui lui donnerait le moyen de se livrer aux sciences et aux lettres, s'il en avait le goût. Il perd promptement toute autre idée que celles qui peuvent préparer et accélérer sa fortune ; il n'en voit pas d'autres autour de lui ; il n'en voit pas d'autres dans la société ; il voit ses profits, sa considération attachée à ses succès dans ce genre ; comment pourrait-il en conserver d'autres ? C'est donc cette disposition générale qui s'oppose au perfectionnement de l'instruction publique, qui, telle qu'elle fût, ne prévaudrait pas sur l'impatience où sont les parens de mettre leurs enfans dans le chemin de la richesse, et sur la passion exclusive de suivre cette carrière, que ceux-ci suçent pour ainsi dire avec le lait.

On se plaint dans les États-Unis, et avec beaucoup de raison sans doute, de ce qu'un assez grand nombre de citoyens américains oubliant la patrie à laquelle ils appartiennent, arment aujourd'hui en France des corsaires pour courir sur les bâtimens américains que le gouvernement français juge de bonne prise; et certes ces plaintes sont fondées, puisqu'il y a peu de crimes plus grands dont un citoyen puisse se rendre coupable. Mais où ce crime horrible a-t-il ses principes, si ce n'est dans cette passion hautement avouée en Amérique de gagner de l'argent, de devenir riche, passion qui conduit à l'indifférence sur les moyens, quand elle est aussi générale? C'est elle qui rend la société indulgente sur l'inexactitude des payemens, sur les banqueroutes de mauvaise foi, et qui encourage les prêts à intérêt exhorbitant, que la loi condamne.

Cette disposition est naturelle à un peuple nouveau, placé d'ailleurs dans un territoire et dans des circonstances qui ont tant offert de moyens à l'avidité; mais elle n'en a pas moins les plus pernicieux effets; elle n'a pas moins le danger imminent d'engourdir sur l'amour de la liberté. Le tems la réduira dans ses justes bornes, et les États-Unis prendront sans doute parmi les anciennes nations leur rang en lumières et dans les sciences, comme ils le prendront en force. Mais il est indubitable que la rapidité de ces progrès importans et certains tient toutefois à celle avec laquelle se fera une révolution dans cette partie des mœurs nationales.

J'ai parlé de l'insuffisance de l'instruction publique dans les États-Unis, pour former des hommes aux sciences, et quoique j'aye indiqué la cause de cette insuffisance dans les mœurs qui la nécessitent, il n'est pas hors de propos d'en faire connaître l'état.

Sous le rapport physique, l'éducation des Américains est excellente ; livrés à eux-mêmes dès leur plus bas âge ; ils sont exposés sans précaution à la rigueur de la chaleur et du froid ; pieds nuds, jambes nues, peu vêtus. Les enfans des riches ne sont pas élevés beaucoup plus mollement que ceux des moins aisés ; souvent dans les campagnes ils vont deux fois par jour à des écoles distantes de deux à trois milles de la maison paternelle, et y vont seuls. Il est peu d'enfans américains qui ne nagent avec hardiesse ; qui à dix ans ne manient un fusil, ne chassent, sans qu'il en résulte aucun accident ; pas un qui ne monte à cheval avec témérité, pas un qui craigne la fatigue ; et les enfans des villes ne sont pas élevés avec plus de délicatesse. Cette liberté donnée aux enfans leur apprend à se veiller eux-mêmes ; aussi, tout hardis qu'ils sont, ne manquent-ils pas de la prudence nécessaire pour éviter des dangers que n'éviteraient pas des enfans plus exactement soignés. Ils deviennent des hommes forts, entreprenans, qu'aucune difficulté ne rebute; et forment une génération croissante, aussi invincible dans son territoire que se l'est montrée celle qui les a précédés.

L'éducation de l'instruction n'atteint pas la même perfection. J'ai dit que dans la Nouvelle-Angleterre des écoles gratuites étaient ouvertes à tous les enfans, et que les loix ainsi que les mœurs du pays faisaient aux parens un devoir presqu'indispensable de les faire profiter du bénéfice de cette institution publique. La Nouvelle-Angleterre est encore la seule partie des États-Unis où ces précieux établissemens ayent lieu. Mais les obstacles qui se sont opposés jusqu'ici et qui s'opposent encore à de pareils établissemens dans les autres États, disparaîtront. Toutes les législatures sont déjà plus ou moins frappées de cette nécessité; elles sentent que la liberté de la presse qui ne peut avoir pour objet que l'instruction publique, perd de ses avantages, en raison que moins d'hommes sont en état d'en profiter, et que le même esprit qui l'a fait reconnaître comme un droit sacré pour les habitans des États-Unis, impose aux gouvernemens le devoir d'étendre autant que possible le nombre de ceux à qui elle peut être utile. On enseigne dans ces écoles gratuites, la lecture, l'écriture et l'arithmétique, ainsi que les principes de religion, et quelques-uns de moralité.

Des académies et des colléges sont d'ailleurs répandus dans les différens États. Les académies sont ce que nous entendons en France par pensions ou petits colléges, et les colléges sont ce que nous appelons, ou plutôt ce qu'on appelle en Angleterre les universités. Ils sont le dernier terme de l'éducation; c'est dans ces colléges que ce qui s'apprend en Amérique des hautes sciences est enseigné, où les degrés se confèrent, etc.

L'éducation de la jeunesse est en Amérique modelée sur celle de l'Angleterre, et j'ai entendu dire à des Anglais instruits, que c'est une mauvaise copie d'un mauvais original.

Dans les écoles américaines, l'instruction du latin est rarement poussée plus loin que les premiers auteurs classiques; Cordery, Erasme, Ovide, et quelques oraisons de Cicéron, sont à peu-près les seuls livres qui s'y lisent. On dit aussi Virgile dans les colléges, et Horace, mais très-peu. Les historiens romains, comme Tite-Live et Tacite, y sont presqu'inusités. On leur préfère Suétone, Eutrope, et Cornelius Nepos, et ce dernier est un des meilleurs auteurs mis dans les mains des jeunes gens. Le grec y est peu enseigné, et dans cette langue le nouveau testament est généralement le *nec plus ultra* de l'instruction, si l'on en excepte toutefois Homère, qui se lit dans les hautes classes de quelques collèges. Mais les tragédies grecques, et les comédies du célèbre auteur latin Térence, même les poëtes plus faciles, et presqu'aussi fameux, Pindare, Anacréon, Hésiode, Théocrite ne s'y lisent pas. Quant aux auteurs plus modernes, tels que Plutarque, Lucien, etc. les étudians n'en savent que ce qu'une curiosité et un amour de l'instruction peu ordinaires parmi eux peuvent leur en faire connaître, par les traductions qu'ils s'en procurent. Les oraisons sont le seul ouvrage de Cicéron enseigné dans les académies ou colléges, au moins dans leur entier, et dans leur langue originale. Ses offices, ses tusculanes, ses dialogues, ses traités sur les loix, sur la vieillesse, sur l'amitié, et sur l'art oratoire, ne le sont point, ou le sont du moins rarement, autrement que par extraits ou traductions.

Les élémens d'Euclide et les premiers principes des sections coniques, sont le complément de l'instruction mathématique.

La mécanique, l'hydrostatique, l'hydraulique, sont enseignées dans les ouvrages de Nicholson, plus souvent dans ceux de Fergusson, et plus souvent encore dans ceux d'Enfield. Le nom de Newton est révéré en Amérique, et où pourrait-il ne pas l'être? Mais ses ouvrages sont peu enseignés, et surtout le sont trop peu de tems, pour pouvoir être généralement compris.

A quelques instructions pratiques près, qui se donnent dans certaines écoles sur la manière de mesurer la hauteur du soleil pour connaître la longitude, il n'en est donné aucune autre dans aucun collège des États-Unis; et le très-petit nombre de marins qui désirent connaître même seulement la pratique des observations de longitude, n'en trouvent aucun moyen en Amérique, et sont réduits à aller chercher cette instruction en Angleterre. Cependant le tonnage des vaisseaux américains navigant dans toutes les mers du monde peut être depuis quelques années évalué à sept cent mille tonneaux annuellement, et le perfectionnement de la navigation est un moyen certain d'augmenter les profits du commerce de mer.

Il y a dans la plupart des colléges quelques instrumens de physique plus ou moins parfaits, et les jeunes gens sont plus instruits en physique expérimentale que dans les sciences plus exactes. Je ne crois pas qu'il y ait de professeur particulier pour la chimie dans d'autres colléges que ceux de New-Yorck, Prince-town en Jersey, et Cambridge en Massachussetts; ailleurs, le peu qui s'enseigne de cette science, l'est par des professeurs qui enseignent à-la-fois la physique et les mathématiques.

Je ne me donnerai pas pour juge de l'instruction en médecine, mais j'ai ouï dire que dans plusieurs colléges l'instruction à cet égard est très-bonne; il n'est pas douteux je crois qu'elle ne se perfectionne par toute l'Amérique, et si l'on veut réfléchir que dans un pays où l'amour de l'argent prévaut autant, la profession qui en procure par l'extension des connaissances, qui captive le plus sans distraction l'esprit à l'étude, doit former plus d'hommes instruits, on trouvera pourquoi la classe des médecins produit généralement en Amérique plus d'hommes savans à-peu-près dans tous les genres que toutes les autres, et pourquoi la science de la médecine est mieux, plus longuement et plus complettement enseignée.

L'étude de la théologie est très bornée dans

les collèges d'Amérique, et je ne prétends pas donner l'absence de cette instruction comme un tort.

Mais l'étude de droit commun, des loix municipales, de celles des États particuliers ou des États-Unis ne fait pas non plus partie de l'instruction reçue dans les collèges; on ne peut assez s'en étonner dans une république où chaque individu peut aspirer à devenir législateur, et où chacun, comme électeur, doit être mis à portée de juger par lui-même les qualités et la conduite des candidats, les actes et les ordonnances du gouvernement, et où ayant tout, il doit connaître ses devoirs pour les remplir.

Il n'est pas moins extraordinaire que l'histoire des États-Unis, de leur révolution, des évènemens qui l'ont précédée et comme forcée; des obstacles de toute nature qu'ils ont eu à vaincre; des sacrifices d'aisance, d'argent et de sang que leurs citoyens ont eu à faire; du secours mutuel que se sont donnés les différens États dans ces importantes et périlleuses circonstances, ne soit pas enseignée dans les collèges ou académies d'Amérique, où l'histoire d'Angleterre est la seule moderne que la jeunesse lise. La liberté est plus chère à qui sait combien il en a coûté pour l'obtenir; et dans un pays libre, l'amour de la liberté, l'obéissance aux loix, le respect à la constitution, sont la base de la morale publique. L'histoire de tous les peuples qui ont combattu pour leur liberté abonde de traits de dévouement, de courage et de désintéressement, et celle de la guerre d'Amérique en est riche. La transmission des noms de ceux qui ont honoré la révolution américaine, non pas seulement dans les premières fonctions, mais aussi dans les postes inférieurs, et jusques dans les rangs des bataillons, est un devoir sacré des gouvernemens, et il ne peut se remplir sûrement que par l'enseignement dans les écoles publiques. Craindrait-on que ce genre d'instruction n'eût l'effet d'éterniser l'antipathie ou la préférence de la nation américaine pour telle ou telle nation européenne ?...... Non; elle ne ferait que prolonger les souvenirs de la conquête de la liberté, et ces souvenirs sont l'apanage de la jeunesse et des siècles futurs. Ils sont l'histoire des États-Unis; leurs citoyens ne peuvent négliger de se rendre familiers ces grands événemens sans avoir le tort, et je dirai plus, la honte d'ignorer ce qu'il est le plus du devoir de tout homme appartenant à un peuple libre de connaître. Mais ces souvenirs ne les engageront dans aucune démarche contraire aux devoirs d'une politique morale et sage ; ils les confirmeront dans la ferme résolution de se tenir à jamais indépendans d'aucune nation étrangère ; et ils laisseront dans les ames américaines des impressions de satisfaction et de fierté, qui, quand elles sont unies à une morale saine et éclairée, sont les germes des vertus privées et publiques.

J'ai eu occasion, dans le cours de mon journal, de parler des sociétés savantes. Elles sont assez multipliées en Amérique ; mais comme je l'ai dit, elles n'ont pas la direction qui pourrait leur donner le degré d'utilité dont elles seraient susceptibles, et dont l'Amérique aurait tant besoin. Elles sont même peu assiduement fréquentées par leurs membres ; et cet inconvénient tient à la même cause, à l'occupation constante d'un intérêt plus cher, qui ne laisse point de loisir pour aucune autre. Quelques sociétés de médecine, aussi établies en Amérique, sont plus suivies, et font des observations, moins assidues peut-être, moins complettes qu'il ne serait à désirer, mais elles en font. La société de médecine de New-Yorck paraît être celle qui s'occupe avec plus de suite de la propagation des connaissances analogues à son institution. Depuis peu de tems, cette société publie tous les mois une sorte de journal rempli de morceaux utiles et intéressans.

D'ailleurs, il ne s'imprime en amérique aucun journal utile, aucun ouvrage périodique de quelqu'importance. On en a publié un pendant quatre années à Philadelphie, sous le nom d'*Américain-Muséum*, vraiment intéressant par la nature des pièces qu'il contenait en politique, en littérature, en bons extraits d'ouvrages anglais, en comptes rendus des principaux résultats du commerce de la navigation, et de l'administration des États-Unis. Ce journal a cessé de paraître en 1792, parce que les souscriptions ont cessé d'être assez abondantes pour dédommager l'éditeur de ses fraix. C'était certainement pour l'Amérique un des ouvrages les plus intéressans à soutenir ; mais la lecture est jusqu'ici l'occupation de peu d'Américains, et celle des pamphlets politiques ou plutôt des pamphlets de partis est la seule à laquelle se livre le plus grand nombre d'entr'eux. Aussi quand il y a dans les villes et même dans les villages des États-Unis, plus d'imprimeries en proportion que dans aucune ville d'Europe, les presses n'y sont employées que pour quelques livres de religion, quelques sermons, quelques livres classiques, quelques dictionnaires géographiques, les réimpressions de quelques ouvrages anglais, et sur-tout beaucoup de gazettes. Plusieurs ouvrages de mérite doivent cependant le jour à l'Amérique, tels que l'histoire de la révolution des États-Unis et celle de la Caroline du Sud, par le docteur Ramsay de Charles-town; les histoires de certains États, parmi lesquelles celle du New-Hampshire par le docteur Belknap de Boston tient un rang distingué; l'Encyclopédie américaine, qui, quoiqu'extraite en partie de l'Encyclopédie anglaise, a un grand nombre d'articles originaux, et est un ouvrage d'une grande utilité; enfin quelques autres traités généraux ou particuliers sur les États-Unis, et plusieurs sans doute encore, auxquels, en ne les nommant pas, je ne prétends pas donner l'exclusion, mais que je ne connais point, ou qui, peut-être sont sortis de ma mémoire. Si je ne comprends pas dans cette liste la défense des constitutions américaines par John-Adams, les notes sur la Virginie par M. Jefferson, les lettres du général Washington pendant la guerre, c'est que je ne parle que de l'emploi des presses américaines, et que ces ouvrages célèbres ont été originairement imprimés en Angleterre.

Les

Les gazettes, quelques multipliées qu'elles soient en Amérique, n'y suppléent pas au défaut des journaux. Peu d'articles étrangers à la politique du moment y trouvent place ; elles ne sont à vrai dire, au moins dans les grandes villes, que le *champ-clos* où les partis s'attaquent, et trop souvent s'invectivent; et comme il arrive toujours, quand les partis sont à un certain point d'exaltation, les plus venimeuses sont celles qui trouvent le plus de souscripteurs ; même souvent parmi les hommes qui les blâment.

Dans les débats du congrès on entend souvent des discours pleins de raison, tirés du fonds des choses, et remarquables par une bonne logique; peu d'hommes même y parlent des matières dont ils ne sont pas maîtres. On dit aussi, et je ne suis pas en état d'en juger, que tous s'expriment dans le meilleur langage. Mais la prolixité est un peu le défaut commun des orateurs américains, qui, comme les écrivains de ce nouveau monde, ne veulent rien laisser deviner à l'intelligence de leurs auditeurs, ni de leurs lecteurs.

Le vice le plus commun de la classe inférieure du peuple américain est l'ivrognerie. L'usage qu'il fait des liqueurs spiritueuses, préféré à celui de la bière, du cidre et du vin, aide beaucoup cette disposition. D'ailleurs il se commet, sans aucun doute, moins de crimes en Amérique que parmi une égale population en Europe; et la cause s'en trouve dans l'aisance du peuple, la première source de moralité des nations. Les assassinats n'y sont pas inconnus, mais ils sont rares; et les vols, dans les campagnes sur-tout, n'y sont pas fréquens, quoique les propriétés n'ayent point d'autre sauve-garde que la confiance publique. Ils sont comme en Europe plus fréquens dans les villes, et par la même raison.

Un crime assez commun et qui le devient chaque année davantage, est la contrefaction des billets de banque. C'en est un toujours assez multiplié dans les pays dont la monnaie courante est de cette espèce; c'est aussi sans doute le plus dangereux pour la confiance publique. Aussi trouve-t-on en Amérique des hommes humains d'ailleurs, qui voudraient que la mort fut prononcée contre les criminels qui sont jugés coupables de contrefaction. Mais indépendamment de toute considération sur la convenance, et même le droit, d'infliger la peine de mort, il y a dans cette opinion plus de ressentiment politique que de justice exacte. Des loix sévères et rigoureusement exécutées qui s'opposeraient à ce que les transactions de mauvaise foi ne dévinssent pas souvent le principe d'une fortune grande et assurée, et qui influeraient assez sur les mœurs pour ôter à la fortune le privilège de la considération, diminueraient plus certainement le nombre de ces crimes que l'effroi de la mort, dont l'expérience prouve à cet égard le peu d'effet.

Si j'ai été sévèrement exact, en présentant l'excessive avidité de fortune comme un des caractères communs au peuple américain, et sur-tout aux habitans des villes, je ne serai pas moins exactement vrai en ajoutant que cette disposition ne les conduit pas à l'avarice. Sans être prodigues, sans oublier l'intérêt de leurs familles, ils savent dépenser, souvent même avec ostentation, et ne se refusent pas à soulager l'infortuné, quand l'occasion leur en est offerte. Les incendies de Savannah, et de Charles-town, les malheurs qu'ont occasionnés les maladies désastreuses de Philadelphie et de New-Yorck, etc., etc. ont été soulagés par des souscriptions abondantes des citoyens de presque toutes les villes d'Amérique qui n'avaient pas souffert; et certes, il est du devoir d'un Français de rendre hommage à cette générosité qui s'est exercée si libéralement sur les colons infortunés des îles françaises, que l'incendie et la menace de la mort ont jettés dépourvus de ressources sur les rivages américains. Quelque peine soigneuse que j'aie prise pour me procurer des détails sur l'étendue des secours donnés par presque toutes les villes américaines à ces infortunés, je n'ai pu les obtenir qu'en petite partie, et je les ai consignés aux articles des villes où j'ai pu les recueillir, j'eusse aimé à pouvoir en présenter l'état à la reconnaissance de mes concitoyens. Je ne doute pas qu'il n'eut montré un total de plus de cent mille dollars, et je ne comprends point dans cette somme les secours multipliés donnés d'individu à individu, et offerts avec sincérité, délicatesse, sensibilité pour le malheur, j'ajouterai même avec affection fraternelle. Les besoins de ces colons français expatriés, dépouillés par la barbarie, ont été plutôt sentis, plutôt secourus dans les villes des États-Unis où abordaient ces malheureuses victimes, qu'exprimés par eux; et ces secours n'ont guères eu d'autre terme que les besoins; ils durent encore dans quelques villes, et durent depuis quatre ans. Je connais des exemples de familles entières admises pendant deux ans à partager l'intimité et l'aisance des familles américaines. J'en connais à qui des maisons ont été prêtées, dont les dépenses ont été défrayées, et qui recevraient encore la même hospitalité si elles ne s'étaient pas elles-mêmes refusées à en profiter plus long-tems. Je connais des maitres de pensions américaines qui instruits que leurs hôtes français quittaient leur maison, parce que les modiques sommes qu'ils avaient pu sauver dans leur fuite, ne pouvaient plus suffire à cette dépense, les ont si cordialement sollicités de rester avec eux comme leurs amis, qu'ils ont forcé leur délicatesse à se soumettre à ce bienfait. Je connais des Français qui ayant à parcourir de grandes distances pour arriver au port d'où ils espéraient se rendre dans notre patrie, ont été eux et leurs familles nourris et logés gratuitement parce qu'ils étaient Français, et Français malheureux. Les exemples de pareils traits abondent, et certes la réunion de ces faits est grandement honorable pour la nation et les individus auxquels ils appartiennent.

La liberté de conscience est entière pour les simples particuliers dans tous les États-Unis d'Amérique. Aussi à peu-près toutes les religions connues en Europe y ont-elles des sectaires. Mais il est quelques États où la constitution exige de tout citoyen entrant en fonction législative ou exécutive le serment « qu'il croit en un seul Dieu, aux punitions » et récompenses de l'autre vie, dans la sainteté de l'ancien et du nouveau testament, » et qu'il professe la religion protestante. » En tout, à quelques individus, et aussi à quelques sociétés près, la religion est un des articles qui occupe le moins le peuple américain, et l'on assure que dans les États où le presbytérisme a conservé le plus d'apparence d'influence et de rigidité, il ne l'exerce généralement que par et pour la forme.

Il y aussi dans presque toutes les villes de l'Amérique, ou au moins dans les principales villes des États-Unis, des sociétés d'agriculture, des sociétés pour l'encouragement des arts, pour la formation ou l'entretien de bibliothèques publiques ; à l'exception de ces dernières, peu d'entr'elles atteignent au but qu'elles se proposent, et peu ont peut-être la possibilité de l'atteindre dans la situation actuelle de l'Amérique. Mais les prix qu'elles donnent, les petites brochures qu'elles impriment, sont le fruit de souscriptions volontaires, auxquelles les habitans aisés des États-Unis se refusent toujours moins quand le bien public en est l'objet, qu'à y consacrer quelques momens de leur tems.

Il est aussi un assez grand nombre de sociétés bienfaisantes. Les unes sont des sociétés marines, dont le but est dans quelques villes d'assurer la subsistance des femmes et des enfans des capitaines, ou maîtres, morts à la mer; ou d'assurer des secours aux équipages de tout vaisseau naufragé sur les côtes. D'autres sont des sociétés pour secourir les immigrans, c'est-à-dire pour assister d'avis et de secours les étrangers arrivant d'Europe dans l'intention de s'établir en Amérique. D'autres souscrivent pour entretenir des hôpitaux ou des écoles, ou pour opérer des distributions de remèdes; d'autres se consacrent à l'amélioration du sort des prisonniers; d'autres à la civilisation des Indiens; d'autres enfin se réunissent pour accélérer en Amérique l'époque de la destruction de l'esclavage. Dans ces différentes sociétés bienfaisantes, composées d'hommes de toutes les classes, de toutes les professions et de toutes les religions, il n'y en a point où il ne se trouve des Quakers; il en est beaucoup dont ils sont les agens; il en est dont ils sont les promoteurs, et presque les seuls membres : telles sont celles qui ont l'affranchissement des nègres pour objet.

Sans être, pour cela, enthousiaste exagéré des Quakers, il est impossible de ne pas remarquer que par-tout où il y a du bien à faire à l'humanité, non-seulement ils se trouvent, mais ils se présentent. Ils sont peut-être , comme on les en accuse , autant occupés de leur fortune que les hommes qui n'appartiennent pas à leur société ; mais s'il en est ainsi , cette occupation ne les empêche pas de se livrer à tous les emplois , à tous les soins de bienveillance et de bienfaisance. Leur doctrine, leurs principes , leurs loix leur prescrivent rigoureusement ce devoir ; l'inspection toujours éveillée de leur société les y maintient. Et quand il y aurait quelques hypocrites parmi eux , ce qu'il est indécent de supposer , cette prétendue hypocrisie qui serait un vice pour les individus qu'elle déterminerait, devrait encore être respectée , puisque le bien qui en résulterait la ferait tourner à l'avantage public ; elle ferait même ainsi l'éloge de leur société. Sans doute il doit, dans le grand nombre de membres de cette communion, se trouver aussi des hommes mauvais ; mais ils ne pourraient pas l'être avec une grande publicité sans en être exclus. Si l'on compte quelques Quakers parmi les citoyens américains que des spéculations fausses, ou trop hasardées , ont entraînés à des procédés que la délicatesse et l'équité condamnent , il en est bien peu ; et la quantité des Quakers intéressés dans le commerce, est presque égale à celle des hommes dont est composée leur société entière. Leurs mœurs privées sont régulières, pures, et le luxe de ceux qui s'y livrent le plus est bien peu au-dessus de l'aisance et de la commodité de la vie. Jamais les tribunaux de justice ne sont occupés du jugement de leurs différens entre eux, et la proportion des procès avec d'autres citoyens où les Quakers sont parties est petite en comparaison de leur multitude et de leurs propriétés. Soumis aux loix des pays qu'ils habitent, aucun État, quelque constitution qu'il ait, n'a des sujets moins turbulens et plus fidèles.

Leurs vœux pour l'affranchissement des esclaves, et leurs efforts pour en hâter l'époque, leur a donné des ennemis violens et irréconciliables dans toutes les parties du Monde. Il se peut que le zèle exalté de quelques-uns, les ait entraînés hors des bornes de la juste convenance, et sur-tout de la prudence réfléchie ; et ceux-là sont sans doute blâmables. Mais ont-ils jamais été même accusés d'avoir excité les nègres à la rebellion ? C'est en plaidant, en pétitionnant pour eux, comme êtres malheureux et comme hommes ; c'est en s'élevant contre l'esclavage, qu'ils se sont montrés leurs amis ; ils ne sont pas les premiers hommes, à qui le desir de dissiper des erreurs et de procurer le redressement des torts, ait valu des haines et même des persécutions.

La question de l'esclavage des nègres est peut être délicate à traiter à une époque où tant de crimes, tant d'atrocités inouies, ont été commis sous le prétexte de leur affranchissement; où tant de malheurs, sinon irremédiables, au moins difficiles à réparer, en sont résultés pour l'État, pour les propriétaires, et pour les nègres eux-mêmes. Cette question est d'ailleurs hors de mon sujet actuel. Mais les Quakers n'ont contribué pour rien à ces malheurs. Et leur dévouement à la cause de l'humanité souffrante, les honore dans leurs réclamations répétées en faveur des nègres; dans leur vigilance, comme citoyens, à l'exécution des loix qui sont favorables à cette classe d'hommes : de même qu'il leur est honorable dans les soins ininterrompus qu'ils donnent aux hôpitaux, aux prisons; dans les dangers auxquels ils s'exposent d'éprouver l'épidémie tant redoutée de la fièvre jaune, dès qu'elle paraît; et dans tous les cas où ils peuvent le déployer. C'est comme citoyens que je les considère, sans m'occuper ni de leurs dogmes, ni de leurs règles, ni de l'austérité de leurs formes; et comme tels, je crois qu'une nation qui aurait réellement à cœur le bien de l'humanité, ne pourrait en avoir de meilleurs, ni de plus utiles.

Les ouvriers des classes inférieures, jusqu'à ceux qui travaillent dans les ports, me semblent en Amérique moins rustres, que généralement ils ne le sont dans l'ancien monde. La raison en est sans doute qu'ils sont traités plus civilement, et considérés par ceux qui les emploient comme des hommes libres avec lesquels on fait un marché, plutôt que comme des manœuvres qu'on fait travailler. Ils sont, ainsi que les ouvriers de toutes les classes, à la ville et dans les campagnes, payés beaucoup plus cher qu'en Europe, aussi vivent-ils bien. Il n'y a point de famille, qui, même dans la plus misérable hutte d'écorce au fond des bois, ne mange de la viande deux fois au moins par jour, qui ne prenne du thé, du café, du chocolat, et pas une qui boive de l'eau pure, le vœu de *la poule au pot* se trouve plus qu'accompli en Amérique. Le boutiquier, l'artisan, y vit aussi beaucoup mieux qu'en Europe, et la table d'une famille aisée et vivant de ses rentes, n'est pas mieux servie en France et en Angleterre, que beaucoup de celles des tailleurs, des perruquiers, etc., de Philadelphie, de New-Yorck, ou de toutes les autres grandes villes d'Amérique.

Quoiqu'il n'y ait dans les États-Unis aucune distinction reconnue par la loi, la fortune et la nature des professions forment des classes prononcées. Les négocians, les hommes de loi, les propriétaires de terres qui ne cultivent pas eux-mêmes (et le nombre, qui en est petit depuis l'État de Delaware jusques dans le Nord, en est grand dans les États du Sud) les médecins, les ministres de l'église, forment à peu-près la première classe. Les marchands moins riches, les fermiers, les artisans, peuvent être compris dans la seconde; et la troisième est composée des ouvriers qui se louent à la journée, au mois, etc.

Dans les bals, les concerts, les amusemens publics, ces classes ne se mêlent pas; et cependant, à l'exception peut-être de l'ouvrier du port, et du matelot commun, tout le monde en Amérique s'appelle, et est appelé, *gentleman;* un peu de fortune acquise fait prendre ce titre à ceux-ci, comme elle reporte les hommes d'une classe à une autre. On se tromperait fortement si l'on pensait que les mœurs républicaines, dans quelque genre que ce soit, prévalent en Amérique.

L'Américain blanc, par une fierté que l'on ne peut blâmer, et qui tient autant à l'emploi commun des nègres pour le service, qu'à leur propre aisance, a horreur et honte de l'état de domesticité; aussi ne compterait-on peut-être pas dans toute l'étendue des États-Unis, vingt Américains nés qui soient domestiques, c'est-à-dire, servant dans les maisons. Quelques Allemands ou Irlandais arrivant pauvres d'Europe, et des nègres ou des mulâtres, voilà la classe des domestiques en Amérique; et dès que les premiers ont pu amasser quelqu'argent, ils quittent cet état, vu avec une sorte de mépris, et s'établissent ou sur des terres qu'ils défrichent, ou dans un petit commerce; enfin, ils se rendent indépendans d'un maître. On peut concevoir, d'après cela, que les bons domestiques ne se trouvent pas facilement en Amérique.

Le préjugé qui fait répugner avec tant de violence les hommes Américains à l'état de domesticité, n'agit pas de même pour les femmes; rien n'est plus commun que de voir des filles appartenant à des familles aisées et honnêtes, se faire servantes pendant les premières années de leur jeunesse. C'est un parti même auquel leurs parens les engagent, et qui ne choque aucune idée. J'ai ouï dire à

M. *de Faubonne*, (Français, jadis capitaine au régiment d'Auvergne, et à qui la fierté de l'indépendance a fait embrasser le métier de jardinier pour soutenir sa famille, quoiqu'âgé de quarante-six ans) qu'il avait eu à son service, et comme simple servante, la nièce du maire de la ville de New-Yorck, fille extrêmement bien élevée et honnête, et les exemples pareils sont communs.

Dans un pays qui a long-tems appartenu à l'Angleterre, dont les relations les plus multipliées sont encore aujourd'hui avec l'Angleterre, dont le commerce se fait presqu'uniquement avec l'Angleterre, les mœurs doivent tenir beaucoup de celles de l'Angleterre. Aussi les mœurs Américaines, particulièrement celles relatives à la manière de vivre, sont elles les mœurs anglaises, les mœurs des provinces d'Angleterre. En fait d'habillement, ce sont les modes anglaises, aussi fidèlement copiées que l'envoi des marchandises d'Angleterre, et la tradition des tailleurs et des marchands de mode peuvent le permettre. Les distributions des maisons sont comme celles d'Angleterre, les ameublement sont anglais, les voitures de ville, sur-tout, sont anglaises, ou dans le goût anglais, et ce n'est pas un petit mérite parmi le monde à la mode, que d'avoir un carosse récemment arrivé de Londres, et du plus nouveau goût.

La cuisine est anglaise, et comme en Angleterre, après des dîners assez courts, les dames se retirent, et font place à une longue boisson de vin, plaisir le plus saillant de la journée, et qu'il est par conséquent naturel de prolonger autant qu'il est possible.

De grands dîners, de nombreuses assemblées de thé, invitées long-tems à l'avance, et point de sociétés. Aussi ces thés sont-ils un grand amusement pour les dames sur-tout. Les spectacles, les bals sont fort courus. On comprend que ces différentes espèces de dissipation n'appartiennent qu'aux villes, et particulièrement aux grandes villes. Le luxe y est très-animé, sur-tout à New-Yorck et à Philadelphie, et il y fait annuellement des progrès effrayans, mais faciles à concevoir, puisque le luxe est la représentation plus ou moins vraie de la richesse, et que la richesse y est la seule distinction.

Il est quelques personnes qui surpassent en luxe, le luxe déjà trop considérable des autres. Ils choquent les mœurs du pays, on s'en moque, mais on court après elles; et la considération des somptueux et fréquens dîners, est aussi grande dans le nouveau monde que dans l'ancien; souvent même elle n'est pas sans utilité. On a vu cette considération porter à la place de président temporaire du sénat des États-Unis, un homme dont aucuns de ceux qui l'y ont élu, et aucun autre, ne prisaient ni les talens, ni les qualités, ni le caractère, mais chez qui l'on dînait très-bien.

Dans les autres villes, et sur-tout dans l'intérieur des États, le luxe est beaucoup moins grand, mais il augmente toujours, et souvent hors de proportion avec la richesse.

Par-tout les femmes ont au premier degré les vertus domestiques; et de même que partout ailleurs, elles ont plus de douceur, plus de bonté, au moins autant de courage, mais surtout plus de sensibilité que les hommes. Bonnes femmes, bonnes mères, c'est sur leurs maris et sur leurs enfans qu'elles portent uniquement cette sensibilité, comme elles portent vers leur ménage tous leurs soins et toute leur occupation. Destinées par les mœurs du pays à cette vie domestique, leur éducation dans le rapport de l'instruction est trop négligée. Elles sont aimables par leurs qualités et leur esprit naturel, mais peu d'entr'elles le sont par aucun acquis. Ce qu'on appelle vertu pour les femmes est la vertu de toutes; et si dans les États-Unis la malice jette des doutes sur la con-

duite

duite d'une vingtaine, il n'y en a sûrement pas dix qui puissent être accusées avec justice, et le reste de la société les traite avec rigueur. J'ai entendu quelques maris se plaindre que l'exigeance de leurs femmes leur faisait payer un peu cher cette irréprochable vertu. Mais où, dans ce monde, le mal ne se trouve-t-il pas à côté du bien ?

Les jeunes filles jouissent ici d'une liberté qui, dans les mœurs françaises, paraîtrait désordonnée ; elles sortent seules, se promènent avec les jeunes gens, se séparent avec eux du reste de la compagnie dans les grandes assemblées ; enfin elles jouissent de la liberté qu'ont en France les femmes mariées, et que les femmes mariées ne prennent pas ici. Mais elles sont loin d'en mésuser ; elles cherchent à plaire, elles désirent toutes trouver un mari et savent qu'elles ne trouveraient pas ce mari, si leur conduite était attaquée. Quelquefois elles sont abusées par des hommes qui les trompent, mais alors elles n'ajoutent pas au malheur d'avoir aussi cruellement engagé leur cœur, le regret que pourraient leur donner quelques remords. Dès qu'elles trouvent un mari, elles l'aiment parce qu'il est leur mari, parce qu'elles n'ont pas l'idée de pouvoir faire autrement ; elles l'aiment d'habitude, et par une espèce de religion d'état, qui ne se dément jamais.

Je ne sais pas s'il y a beaucoup de mauvais ménages en Amérique ; mais aucun ne paraît tel, quoique tous à la vérité ne portent pas l'image du bonheur le plus désirable. Dans les classes inférieures de la société, où les mœurs des femmes sont aussi exemptes de reproche que dans les classes plus élevées, on assure que celles des filles sont plus faciles. Cependant, d'après tout ce que j'ai pu recueillir, c'est encore l'illusion d'un mariage, qu'elles croyent décidé, qui les engage à se compromettre au-delà de ce qu'elles feraient sans cette fausse espérance. Le tort en est donc entièrement aux hommes qui les trompent, sans qu'il puisse être juste d'accuser de libertinage celles qui n'ont pas la prudence de s'en garantir.

Il existait jadis dans la Nouvelle-Angleterre, et particulièrement dans le Connecticut, un usage, que j'ai vu, différentes relations de voyages en Amérique, attribuer aux mauvaises mœurs; mais qui, je l'avouerai, dût-on m'accuser d'ineptie, ne m'a jamais paru, au contraire, que l'effet des mœurs les plus pures et les plus innocentes, Un voyageur, un ami arrivait dans une maison, et les lits de la famille étaient occupés. On le mettait coucher avec la famille, avec les garçons quand il y en avait, avec les filles quand il n'y avait pas de garçons. On conçoit qu'il est plus facile à des Européens de faire, sur cet usage, de jolis contes, et d'en tirer des conséquences gaillardes, que de l'examiner dans la simplicité, dans la bienfaisance de son intention.

L'hospitalité, parmi ce peuple nouveau, était une des vertus le plus regardée comme un devoir, et la plus religieusement observée. Les maisons étaient aussi rares que petites. Un voyageur à qui l'entrée de l'une aurait été refusée à la fin de sa journée, n'eût pu trouver prochainement un autre gîte; des mœurs aussi hospitalières ne peuvent pas s'allier avec la défiance; et l'idée du désordre n'entrait pas plus dans la tête des parens, que dans celle des filles, et de l'hôte admis à l'hospitalité; aussi ne remarquait-on point qu'il en arrivât d'inconvénient. Quelque partie de vêtement conservée, était plutôt un hommage rendu à la différence des sexes, qu'un moyen de sécurité cru nécessaire; et le lendemain le voyageur repartait, pour trouver encore le soir un gîte hospitalier. Cet usage, connu sous le nom de *bondelage*, a cessé à mesure que les maisons sont devenues plus grandes, les routes plus fréquentées, les tavernes établies; mais le jour où l'idée de la pudeur est entrée pour quelque chose dans cette réforme, les mœurs avaient, par cela même, perdu de leur innocence.

J'ai entendu dire à des hommes qui avaient été admis à cette espèce d'hospitalité, et dont les mœurs n'étaient assurément pas scrupuleuses, que la plus légère tentative, qu'ils avaient faite pour abuser de cette réception, avait été accueillie avec de violens repoussemens, et leur avait valu quelquefois d'être chassés du lit, quelquefois même de la maison; et aucun ne m'a dit en avoir tiré jamais l'avantage, que leur délicatesse ne les avait pas empêchés de désirer, et ne les aurait pas empêchés d'avouer.

Probablement, sans doute, il a pu exister des exemples contraires; mais alors ce n'a été que par exception, et par une exception trop rare, pour avoir autorisé les voyageurs écrivains à s'égayer sur cet usage, qui, en considérant l'époque où il avait lieu, et l'intention qui l'avait établi, fait l'éloge des mœurs du pays, et des tems où il était pratiqué. Quoi qu'il en soit, il n'existe plus depuis long-tems; ainsi il n'y a pas plus de vérité dans le rapport des écrivains qui le présentent comme existant, que de justesse et de bonté dans leur jugement, quand ils en attaquent la moralité, ou en dénaturent l'intention.

Mais ce qui existe encore, et ce qui doit choquer les mœurs européennes, c'est d'être admis à coucher sur des matelats, sur des couvertures, dans les mêmes chambres où le mari et la femme sont couchés dans leur lit, et les enfans de la famille, garçons et filles, couchent dans le leur. C'est encore la rareté des maisons, et leur exiguité réduite généralement à une chambre, qui nécessite cette pratique dans les parties peu habitées des États-Unis, où elle a lieu. Je me suis trouvé plus d'une fois dans pareil gîte, ou seul voyageur, ou avec des compagnons de voyage, ou avec d'autres voyageurs, qui m'étaient étrangers : les chambres sont très-petites, et souvent on se trouve couché contre le lit de jeunes et jolies filles, dont la simplicité n'est pas assez effarouchée pour rien changer à leur toilette ordinaire de nuit. Si l'étranger ainsi hébergé a son sommeil retardé ou interrompu par des idées appartenant à une situation qui lui est si peu commune, ce n'est ni la faute ni l'intention de ses hôtes simples et bons.

Quant aux grandes villes, et plus particulièrement aux villes de commerce, les moyens de libertinage y sont peut-être plus multipliés qu'en Europe, et j'entends même dire que beaucoup de maris font usage de ces moyens. Comme en Europe, la pauvreté et la vanité de la parure sont le motif déterminant, qui dans les grandes villes d'Amérique font prendre à plusieurs filles le parti du libertinage; et parmi les femmes mariées, celles que l'absence trop prolongée, et l'imprévoyance de leurs maris, laissent sans subsistance assurée, particulièrement les femmes des gens de mer, sont sinon absolument les seules, au moins celles qui sont le plus souvent accusées de faire ce calcul.

Je dois ajouter encore que l'état des filles qui habitent les maisons de débauche, est vu par le bas peuple d'Amérique, avec des préventions moins fortes qu'en Europe, et n'est presque pas regardé autrement que tout autre métier; l'exemple n'est point rare de cette espèce de filles, qui en sortant de ces lieux, trouvent à se placer servantes, ou même à se marier, et font de bonnes domestiques, ou des femmes honnêtes. La police municipale ferme les yeux sur ces sortes de maisons; mais si des voisins se plaignent de quelque scandale extérieur, elles sont à l'instant fermées, et les habitantes conduites à la maison de travail.

On se marie jeune en Amérique, sur-tout dans les campagnes. Le besoin qu'ont les jeunes gens, qui généralement s'établissent de bonne heure, soit dans de nouvelles terres, soit dans une profession quelconque, d'une femme pour les aider dans leurs travaux, y ajoute, pour ces mariages prompts, un motif puissant à celui de la pureté des mœurs.

Dans les villes, les mariages sont moins fréquens et moins hâtifs, sur-tout depuis que l'introduction du luxe rend la fortune acquise plus nécessaire; et les jeunes gens n'y sentent guères le besoin d'aimer avec le projet de mariage, que quand ils ont déjà satisfait, ou sont dans la voie de satisfaire le besoin plus impérieux de gagner de l'argent.

Mais quelque bons que puissent être les ménages, la femme qui meurt est promptement remplacée par une autre. Dans les campagnes, elle est, comme en Europe, une amie nécessaire aux travaux, elle est l'ame du ménage. Dans les villes, elle l'est encore. Elle est, pour l'homme occupé d'affaires, et tout le monde l'est en Amérique, une ressource indispensable pour les soins domestiques ; elle est une compagne assidue, une société qui se retrouve toujours dans un pays où il n'y en a pas d'autres que celle de la famille, et où les enfans quittent promptement la maison paternelle.

A l'esquisse que je viens de présenter des mœurs des habitans des États Unis, je pourrais réunir quelques traits encore, mais qui ajouteraient peu à la connaissance que j'ai cherché à donner de leur ensemble; d'ailleurs je suis pressé de finir cet article qui me semble déjà bien long.

Un Européen qui en venant dans ce nouveau monde apporte le besoin des usages des agrémens de celui qu'il quitte; celui sur-tout qui apporte le besoin de ce que nous appelons en France le charme de la société, que nous savons si bien apprécier, dont nous savons si bien jouir, qui nous vaut une suite si longue de momens heureux, celui-là ne trouvera pas en Amérique à se satisfaire, et ses souvenirs jetteront toujours quelque mélancolie sur sa vie. Il ne peut pas, si son cœur a besoin d'amis, espérer encore y trouver la douceur d'une amitié constante et dévouée. Les habitans des États-Unis sont jusqu'ici trop prédominés par l'occupation des affaires pour que les attraits d'une société suivie puisse les en distraire; ils n'ont pas de tems à consacrer à l'amitié.

Un tel Européen devra encore longtems oublier l'Europe pour vivre tout-à-fait heureux en Amérique. Mais s'il en peut perdre promptement le souvenir, ou s'il y conduit avec lui les objets les plus chers de son affection, il mènera en Amérique une vie heureuse et tranquille. Il y jouira du bienfait de la liberté dans la plus grande étendue qu'il soit possible de la désirer, et de la goûter en aucun pays policé. Il s'y verra entouré d'un peuple actif, aisé, heureux. Chaque jour lui fera oberver un nouveau progrés de sa nouvelle patrie. Il la verra chaque jour faire un pas vers la force, la grandeur à laquelle elle est appelée; vers sa réelle indépendance, qui n'est pour une nation que le résultat des moyens de se suffire à elle-même.

D'ailleurs tout homme qui apportera en Amérique quelque talent, tout ouvrier habile, et tout homme même qui sans talent particulier y apportera du courage et la résolution de travailler, est sûr d'y trouver en peu de tems les moyens de se rendre indépendant, propriétaire, et bientôt d'y acquérir une aisance honnête.

Il se pourra que l'on accuse de sévérité

quelques-unes des réflexions dont j'ai accom-gné le compte que je rends dans cette dernière partie de mon journal, de la constitution, du gouvernement, des loix, du commerce et des mœurs des États-Unis. Que répondre à ce reproche s'il m'est fait? J'ai dû dire ce que je voyais, ce que je pensais. Je n'ai épargné aucun soin pour connaître la vérité et pour tenir mon jugement hors de l'influence de tout préjugé, de tout esprit de parti; j'en ai la conscience intime. Rien sans doute ne m'obligeait d'écrire un journal, mais rien ne pourrait me faire consentir en l'écrivant à déguiser ou même à affaiblir mes opinions.

Je serai plus probablement encore accusé d'avoir jugé la politique actuelle du parti gouvernant en Amérique avec une partialité toute française. Je ne me disculperai pas d'un fort attachement pour mon pays, pour tous ses intérêts; je crois ne céder à personne dans ce sentiment bien général parmi les Français; il est en moi indépendant de tous les gouvernemens que ma nation aurait pu se donner, comme de tous les malheurs dont j'ai pu et dont je pourrais encore être la victime. Mais je me serais reproché de m'être laissé guider dans mes jugemens par des sentimens dont je m'honore; j'aurais couru alors le risque de ne pas voir la vérité, et c'est la vérité que j'ai cherché à voir, et que j'ai voulu écrire. Je pense donc m'être préservé aussi de l'influence du préjugé national, et j'espère que le plus grand nombre de mes lecteurs en jugeront de même.

Puisse l'Amérique forte de tous les avantages dont elle a été comblée par la nature, de ceux que tant d'heureuses circonstances y ont ajouté, riche déjà de sa propre expérience, jouir d'une prospérité durable ! Puisse le peuple Américain employer sans relâche, pour conserver sa liberté et son indépendance, la vigilance, la fermeté qui les lui ont si glorieusement acquises ! Aucun de ses citoyens n'en forme le vœu plus sincérement que moi. Puissent enfin la France et les États-Unis resserrer l'alliance et l'amitié qu'il est d'un si grand intérêt pour les deux nations de ne pas laisser affaiblir ! Puisse la générosité et la bonne foi être les liens qui les resserrent ! En politique comme dans la vie privée ce sont les plus utiles et les plus honorables.

FIN.

Je joins ici l'exposition rapprochée de la ressemblance et des différences des constitutions des États-Unis de l'Amérique septentrionale, tant de celle de l'Union que de celles des différens États qui la composent.

Ces tableaux sont la traduction littérale de ceux qu'a publié l'année dernière M. William Smith, alors membre du congrès pour la Caroline du Sud, aujourd'hui ministre des États-Unis.

CORPS LÉGISLATIF.

ÉPOQUE DE L'ADOPTATION.	NOMBRE DES BRANCHES.	MODE D'ÉLECTION.	DURÉE.	CONDITIONS POUR ÊTRE MEMBRE.	CONDITIONS POUR ÊTRE ÉLECTEUR.	POUVOIRS PARTICULIERS.	OBSERVATIONS GENERALES.
ÉTATS-UNIS. Constitution du 17 septembre 1787; mise en activité le 4 mars 1789.	Deux chambres: sénat et chambre des représentans, appelés *Congrès*. Le premier, trente-deux membres; la dernière, cent cinq.	Le sénat par les législatures des États; les représentans par le peuple.	Sénat, six ans. Sortent tous les deux années par tiers. Représentans, deux ans.	Sénat: être citoyen depuis neuf ans; 30 ans d'âge. Représentans: être citoyen depuis sept ans; 25 ans d'âge. Point de qualification pécuniaire.	Pour les représentans, les mêmes que pour la branche la plus nombreuse des législatures des États.	La chambre des représentans propose les bills pour les revenus, et vote les accusations. Le sénat juge les accusations; il faut deux tiers pour que l'accusé soit déclaré coupable. Le sénat approuve les officiers nommés par le président.	
NEW-HAMPSHIRE. 1792.	Deux branches: sénat et chambre des représentans, appelés *Cour générale*. Le premier, douze membres; la dernière, de cent vingt à cent trente.	Le peuple.	Une année.	Hommes libres, possédant un bien-fonds libre, ou une fortune personnelle.	Vingt-un ans d'âge, et payant des taxes.	La chambre des représentans propose les bills pour lever les revenus, et vote les accusations. Le sénat les juge.	
MASSACHUSETTS. 2 mars 1780.	Deux branches: sénat et chambre des représentans, appelés *Cour générale*. Le premier, trente-un membres; la dernière, trois cent cinquante-six.	Le peuple. Mais les vacances du sénat peuvent être remplies par le sénat et dans la chambre des représentans, parmi ceux qui avoient été désignés par les votes du peuple à l'élection précédente.	Une année.	Sénateurs, bien-fonds libre de 300 livres, ou fortune personnelle de 600 livres; habitant depuis cinq ans. Représentans, bien-fonds libre de 100 livres, ou autre propriété de 200 livres.	Francs-tenanciers, 3 livres de revenu, ou un bien quelconque de 60 livres.	La chambre des représentans ouvre les bills pour l'argent, et vote les accusations. Le sénat les juge.	
CONNECTICUT. Ancienne charte coloniale de Charles II, conservée en son entier; changemens légers nécessaires à l'adapter à l'indépendance des États.	Deux branches: cour générale; gouverneur, lieutenant-gouverneur et douze assistans, formant la chambre haute ou le conseil. Les représentans en chambre basse consistant en cent soixante-dix-neuf membres.	Le peuple.	Gouverneur, députés gouverneurs, et conseillers, une année. Représentans, six mois.	Hommes libres.	Hommes libres, bien-fonds libre de 40 schell. ou 40 livres de fortune.	La législature écoute et juge certaines causes, accorde des répits et des pardons.	Le gouverneur, comme président du conseil, et l'orateur de la chambre, ont chacun une voix en outre de celle pour départager.
RHODE-ISLAND. Ancienne charte coloniale de Charles II.	Deux branches: assemblée générale; gouverneur, député-gouverneur, et dix assistans; représentans, soixante-dix membres.	Le peuple.	Conseil, une année. Représentans, six mois.	Bien libre de 40 livres, ou rente de 40 schell.	Hommes libres, bien libre de 40 livres, ou rente de 40 schell.	Les causes nouvelles sont jugées dans les cours de justice.	
VERMONT. Juillet 1786. Revue depuis.	Une branche: représentans des hommes libres: appelée *Assemblée générale*; cent quarante-cinq membres; mais le gouverneur et le conseil des douze peuvent suspendre une loi jusqu'à la session suivante.	Le peuple.	Une année.			Accusations. Pour lever une taxe il faut la présence des deux tiers des membres.	
NEW-YORK. 20 avril 1777.	Deux branches: sénat, vingt-quatre membres; lieutenant-gouverneur, président. Assemblée, soixante-dix membres.	Le peuple.	Sénat, quatre ans; un quart en sort tous les ans. L'assemblée, une année.		Électeurs du sénat, bien libre de 100 livres. Électeurs des représentans, bien libre de 20 livres, ou rente de 40 schell.	Deux tiers de l'assemblée votent une accusation. Deux tiers du sénat peuvent déclarer convaincu.	Le sénat ne doit jamais excéder cent; les représentans jamais trois cent. Le gouverneur et le conseil de révision peuvent suspendre une loi. Le clergé est exclu.
NEW-JERSEY. 2 juillet 1776.	Deux branches: conseil législatif, treize membres; assemblée, trente-neuf membres.	Le peuple.	Une année.	Conseillers, 1000 livres en biens-meubles et immeubles. Représentans, 500 livres idem.	Électeurs, 50 livres en biens-meubles ou immeubles.	Le conseil ne peut préparer ni changer aucun bill pour argent.	
PENSYLVANIE. 2 septembre 1790.	Deux branches: sénat, vingt-cinq membres et chambre des représentans, soixante-dix-huit membres.	Le peuple.	Sénat, quatre ans; un quart en sort tous les ans. Représentans, une année.	Résidence d'un an dans le district ou comté. Sénateurs, être citoyen depuis quatre ans et 25 ans d'âge. Représentans, être citoyen depuis trois ans, et 21 ans d'âge.	Vingt-un ans d'âge, ayant résidé deux ans dans l'État avant l'élection, et payant une taxe de l'État ou du comté, assise au moins six mois avant l'élection. Les fils des personnes qualifiées comme dessus, entre 21 et 22 ans d'âge, peuvent voter quoiqu'ils n'aient pas payé de taxes.	Les bills pour revenus originent dans la chambre des représentans. Les accusations, par une majorité des représentans, jugées par le sénat. Les convictions, par deux tiers des membres présens. Le jugement ne peut prononcer que la destitution de la place, et l'inhabileté d'en posséder d'autres.	Le sénat ne sera jamais moins d'un quart, et jamais plus d'un tiers des représentans. Les représentans jamais moins de soixante, et jamais plus de cent.
DELAWARE. 1792.	Deux branches, appelées *Assemblée générale*; sénat, neuf membres; chambre des représentans, vingt-un membres.	Le peuple.	Sénat, trois ans; un tiers en sort tous les ans. Représentans, une année.	Sénateurs, 27 ans d'âge; bien libre de 200 acres, ou fortune de 1000 livres. Représentans, 24 ans d'âge, bien libre. Les uns et les autres, trois ans de résidence.	Résidence depuis deux ans, et payant taxes assises au moins six mois avant l'élection.	Les bills pour argent, prennent naissance dans l'assemblée. Accusations par deux tiers des représentans. Convictions par deux tiers du sénat.	
MARYLAND. 14 août 1776.	Deux branches, appelées *Assemblée générale*: sénat, quinze membres; chambre des délégués, quatre-vingt membres.	Sénat par des électeurs choisis par le peuple. Les délégués par le peuple. Le sénat remplit les vacances par scrutin fait dans sa propre chambre.	Sénat élu pour cinq ans, sans rotation. Délégués, une année.	Sénateurs, résidence de 3 ans; fortune mobiliaire ou immobiliaire de 1000 livres. Délégués, même résidence, fortune de 500 livres.	Électeurs pour les délégués et pour les électeurs, un bien libre de 50 acres, ou hommes libres ayant une propriété de 30 livres, et ayant résidé dans le comté toute l'année avant l'élection.	Les bills pour argent originent dans la chambre des délégués, qui ne doivent point y joindre d'autres matières. Les deux chambres peuvent faire arrêter pour crime ou manque de respect. La chambre des délégués nomme les trésoriers pour autant de tems qu'il lui convient.	Les délégués et électeurs sont choisis à haute voix; mais les électeurs votent au scrutin et font un serment. Réglemens particuliers pour les hommes libres de Baltimore et d'Annapolis. Clergé exclu.
KENTUCKY. 1792.	Deux branches: sénat, onze membres; chambre des représentans, quarante membres.	Sénat par des électeurs choisis par le peuple. Les représent. par le peuple.	Sénat, quatre ans. Représentans, une année.	Sénateurs, 27 ans d'âge. Représentans, 24 ans. Les uns et les autres, deux ans de résidence.	Habitant de l'État deux ans, ou un an dans le comté.	Les bills pour argent ne peuvent être proposés que par les représentans. Le sénat peut proposer des amendemens. Les représentans ont seuls le droit d'accusation. Le sénat juge. Deux tiers nécessaires dans ces deux cas.	Le sénat sera composé de manière que le nombre excède d'un le quart de celui des représentans.
VIRGINIE. 5 juillet 1776.	Deux branches, appelées *Assemblée générale*: sénat, vingt-quatre membres, chambre des représentans, de cent cinquante à cent soixante membres.	Le peuple.	Sénat, quatre ans; un quart sort tous les ans. Délégués, une année.	Aucune condition pécuniaire; mais les sénateurs et délégués doivent être résidens et francs-tenanciers dans le district ou le comté.	Électeurs francs-tenanciers.	Toutes les lois originent dans la chambre des délégués. Le sénat ne peut rien changer aux bills pour argent. Les délégués votent les accusations qui sont jugées par la cour générale, ou par la cour d'appel.	
CAROLINE DU NORD. 18 décembre 1776.	Deux branches, sénat et chambre des communes, appelées *Assemblée générale*. Le premier, soixante membres; la seconde, cent vingt.	Le peuple.	Une année.	Sénat, bien libre de 300 acres. Communes, bien libre de 100 acres.	Électeurs du sénat, bien libre de 50 acres. Électeurs des communes, payement des taxes et une année de résidence dans le comté.	Les deux chambres réunies s'ajournent au scrutin ... Accusation par les communes, jugées par la cour suprême; et si les juges sont accusés, ils sont jugés par un tribunal spécial.	Les bills doivent être lus trois fois dans chaque chambre. Le clergé exclu.
CAROLINE DU SUD. 3 juin 1790.	Deux branches, appelées *Assemblée générale*: sénat, trente-sept membres; chambre des représentans, cent vingt-quatre.	Le peuple.	Sénat, quatre ans; une moitié en sort tous les deux ans. Représentans, deux ans.	Sénateurs, 30 ans d'âge. Citoyens et résidens dans l'État cinq ans. S'ils résident dans le district, un bien libre de 300 livres, sinon un bien libre, dans le district, de 1000 livres. Représentans, citoyens et résidens depuis trois ans. S'ils résident, une propriété de 500 acres et dix nègres, ou une fortune de 150 livres, sinon un bien libre, dans le district, de 500 livres.	Électeurs, citoyens et résidens deux ans, bien libre de 50 acres, ou un lot en ville, ou taxe de 3 sch. Résidence de six mois dans le district avant l'élection.	Emprisonnement pour manque de respect. Accusation par les deux tiers de la chambre des représentans. Les deux tiers du sénat jugent. Les représentans proposent les bills pour lever les revenus.	Les bills sont lus trois fois à trois jours différens dans chaque chambre. Un bill rejeté ne peut être représenté qu'après avoir averti dix jours d'avance, et avec permission. Clergé exclu.
GÉORGIE. Mai 1798.	Deux branches, appelées *Assemblée générale*: sénat, vingt-trois membres; chambre des représentans, cinquante-un.	Le peuple.	Une année.	Sénateurs, 28 ans d'âge, habitant les États-Unis depuis 9 ans. Citoyens depuis 3 ans en Géorgie. Résidens dans le comté six mois. Bien libre de 250 acres, ou propriété de 250 livres. Représentans, 21 ans d'âge. Citoyens des États-Unis, 7 ans. Deux ans habitant en Géorgie. Résidens dans le comté 3 mois. Bien libre de 200 acres, ou 150 livres.	Électeurs, payement des taxes, et six mois de résidence dans le comté.	Accusations: un tiers forme un nombre suffisant dans chaque branche pour délibérer.	Clergé exclu. Une convention pour revoir la constitution sera élue en novembre 1797, elle consistera en trois membres de chaque comté, et s'assemblera en mai 1798.
TENNESSÉE. 6 février 1796.	Deux branches, appelées *Assemblée générale*: sénat, onze membres; chambre des représentans, vingt-deux.	Le peuple.	Sénat et représentans, deux ans.	Résidence, trois ans dans l'État, et un an dans le comté; bien libre de 200 acres dans le comté.	Électeurs, bien libre dans le comté.	Emprisonnement pour manque de respect. Accusation. Les bills peuvent prendre naissance dans les deux chambres.	Clergé exclu. Le nombre du sénat ne sera jamais moins d'un tiers, et jamais plus d'une moitié des représentans; ceux-ci ne seront jamais plus de quarante.
TERRITOIRE NORD-OUEST DE L'OHIO. 13 juillet 1787.	Le gouverneur et les juges font la loi.	Le président et le sénat des États-Unis nomment le gouverneur et les juges.	Le gouverneur trois ans. Peut être déplacé par le président des États-Unis. Les juges ne peuvent l'être tant qu'ils se conduisent [illegible].			D'adopter les lois existantes dans les différens États, qui peuvent s'appliquer au territoire, sujettes à la révision du congrès.	

TABLE ABRÉGÉE DU CORPS LÉGISLATIF.

…emps de la durée des fonctions

du Sénat.

…ts-Unis	six ans.
…yland	cinq ans.
…-Yorck …sylvanie …tucky …ginie …oline du Sud	quatre ans.
…aware	trois ans.
…nessée	deux ans.
…-Hampshire …achussetts …necticut (Conseil) …de-island (Conseil) …mont (Conseil) …-Jersey (Conseil) …line du Nord …rgie	un an.

des Représentans.

États-Unis Caroline du Sud Tennessée	deux ans.
New-Hampshire Massachussetts Vermont New-Yorck New-Jersey Pensylvanie Delaware Maryland Kentucky Virginie Caroline du Nord Géorgie	un an.
Connecticut Rhode-island	six mois.

Conditions pour être Membre.

Rhode-island New-Jersey Delaware Virginie Caroline du Nord Caroline du Sud Tennessée	Propriété foncière nécessaire.
New-Hampshire Massachussetts Maryland Géorgie	Propriété foncière. Fortune d'une autre espèce nécessaire.
États-Unis Connecticut Vermont New-Yorck Pensylvanie Kentucky	Aucune condition de propriété requise.

Conditions pour être Électeur.

États-Unis	De même que dans l'État dans lequel l'électeur réside.
Rhode-island New-Yorck Virginie Caroline du Nord	Propriété foncière nécessaire.
Massachussetts Connecticut New-Jersey Maryland Caroline du Sud	Propriété foncière, ou fortune d'une autre espèce, requise.
New-Hampshire Vermont Pensylvanie Delaware Kentucky Géorgie Tennessée	Aucune condition de propriété requise.

Ordre de sortie des Sénateurs.

États-Unis	Par tiers tous les deux ans.
New-Yorck Pensylvanie Virginie	Par quart tous les ans.
Caroline du Sud	Par moitié tous les deux ans.
Delaware	Par tiers tous les ans.
Maryland Kentucky Tennessée	Point de rotation.

POUVOIR EXÉCUTIF.

ÉTATS.	PAR QUI NOMMÉ.	DURÉE.	S'IL EST RÉÉLIGIBLE.	S'IL Y A UN CONSEIL.	POUVOIR DE NOMMER A CERTAINES PLACES.	AUTRES POUVOIRS.	CONDITIONS REQUISES.	S'IL Y A UN LIEUTENANT-GOUVERNEUR OU NON.
États-Unis.	Par des électeurs.	Quatre ans.	Rééligible.	Point de conseil.	Nomme. Le sénat approuve. Remplit les vacances pendant l'absence du sénat.	Pardonne. A la négative conditionnelle, et reçoit les ministres étrangers.	Citoyen. Résidant quatorze ans ; 35 ans d'âge.	Vice-président des États-Unis, président du sénat.
New-Hampshire.	Par le peuple.	Un an.	Rééligible.	Conseil de cinq membres élus par le peuple.	Nomme presque tous les officiers, avec l'avis du sénat.	Pardonne. A la négative conditionnelle.		Point de lieutenant-gouverneur.
Massachussetts.	Par le peuple.	Un an.	Rééligible.	Conseil.	Nomme avec quelques exceptions.	Pardonne. A la négative conditionnelle.	Habitant, sept ans.	Lieutenant-gouverneur, qui d'office est membre et président du conseil.
Connecticut.	Par le peuple.	Un an.	Rééligible.	Point de conseil exécutif.	Nomme avec les assistans, et seulement les shérifs.	Est président du conseil et départage les voix.		Lieutenant-gouverneur, membre du conseil.
Rhode-Island.	Par le peuple.	Un an.	Rééligible.	Point de conseil exécutif.	Point de nomination importante.	Préside le conseil.	Franc-tenancier et homme libre d'une ville incorporée.	Lieutenant-gouverneur.
Vermont.	Par le peuple.	Un an.	Rééligible.	Député-gouverneur et conseil.	Nomme quelques officiers.	Le gouverneur et le conseil peuvent suspendre les lois jusqu'à la session suivante. Pardonne et juge les accusations.		Lieutenant-gouverneur, appelé dans la charte : député-gouverneur.
New-York.	Par les francs-tenanciers de 100 liv. st.	Trois ans.	Rééligible.	Point d'autre conseil exécutif que celui de nomination et de révision.	Nomme. Le conseil de nomination confirme celle de toutes les places, à peu d'exceptions près.	Pardonne. A la négative conditionnelle, avec le conseil de révision.		Lieutenant-gouverneur, qui est président du sénat.
New-Jersey.	Par la législature.	Un an.	Rééligible.	Le conseil législatif agit comme conseil exécutif.		Préside le conseil, est chancelier. Le Gouverneur et le conseil sont cour d'appel. Pardonne.		Vice-président.
Pensylvanie.	Par le peuple.	Trois ans.	Rééligible neuf ans dans douze.	Point de conseil.	Fait toutes les nominations : excepté les shérifs et coroners, qui sont nommés par le peuple, et le trésorier de l'État par la législature ; les officiers de milice, régimens et compagnies par les régimens et les compagnies.	Pardonne, excepté dans les cas d'accusation pour crime d'État ou prévarication. A la négative conditionnelle.	Citoyen, et habitant sept ans ; 30 ans d'âge.	La vacance de l'office de gouverneur est remplie dans l'intérim par l'orateur du sénat.
Delaware.	Par le peuple.	Trois ans.	Rééligible trois ans dans six.	Point de conseil.	Nomme, excepté les shérifs, les coroners et les trésoriers.	Pardonne, excepté dans les cas d'accusation de crime d'État ou prévarication.	Trente ans d'âge. Citoyen des États-Unis depuis douze ans, et de l'État, six ans.	
Maryland.	Par la législature.	Un an.	Rééligible trois ans dans sept.	Conseil.	Nomme avec le conseil, excepté les shérifs et trésoriers.	Pardonne. Met les embargos. Déplace et suspend les officiers, excepté ceux qui doivent rester en place pendant leur bonne conduite.	Cinq ans de résidence, et une propriété de 5,000 liv. st.	
Kentucky.	Par des électeurs.	Quatre ans.	Rééligible.	Point de conseil.	Nomme avec l'avis du sénat.	Pardonne, excepté pour les cas de trahison ou de prévarication.	Trente ans d'âge. Résidence de deux ans dans l'État avant l'élection.	Point de lieutenant-gouverneur.
Virginie.	Par la législature.	Un an.	Rééligible trois ans dans sept.	Conseil d'État.	Nomme avec le conseil seulement les juges de paix.	Pardonne.	Trente ans d'âge.	Le président du conseil agit comme lieutenant-gouverneur en cas de vacance du gouverneur.
Caroline du Nord.	Par la législature.	Un an.	Rééligible trois ans dans six.	Conseil d'État.	Point de nomination par intérim, jusqu'à la session de la législature.	Pardonne et met embargo.	Cinq ans de résidence, et un lieu libre de 1,000 liv. st.	Point de lieutenant-gouverneur.
Caroline du Sud.	Par la législature.	Deux ans.	Ne peut être réélu que quatre ans après.	Point de conseil.	Nomme quelques officiers inférieurs.	Pardonne et met embargo.	Citoyen et résidence de dix ans ; propriété de 1,500 liv. st.	Lieutenant-gouverneur.
Géorgie.	Par la législature.	Deux ans.	Rééligible.	Point de conseil.	Nomme quelques officiers civils, et tous ceux militaires.	Pardonne. A la négative conditionnelle.	Douze ans citoyen ; résidence de six ans ; 500 acres ou autre propriété de 1,000 l. st.	Point de lieutenant-gouverneur.
Tennessée.	Par le peuple.	Deux ans.	Rééligible six ans dans huit.	Point de conseil.	Point de nomination, si ce n'est dans l'absence de la législature, excepté l'adjudant général de la milice.	Pardonne. Assemble la législature dans les occasions extraordinaires.	Citoyen ou habitant depuis quatre ans ; propriété de 500 acres ; 25 ans d'âge.	L'orateur du sénat, lieutenant-gouverneur comme en Pensylvanie.
Territoire nord-ouest de l'Ohio.	Par le président et le sénat des États-Unis.	Trois ans ; mais révocable à la volonté des États-Unis.	Rééligible.	Point de conseil.	Nomme tous les magistrats et autres officiers civils, excepté les juges ; et tous les officiers de la milice, excepté les officiers généraux.	Le gouverneur et les juges font les lois pour le territoire.	Résident dans le territoire, et une propriété de 1,000 acres.	Le secrétaire du territoire, nommé comme le gouverneur, le remplace en cas d'absence.

TABLE ABRÉGÉE DES POUVOIRS EXÉCUTIFS.

MANIERE DE LES NOMMER.	DURÉE.	RÉÉLIGIBILITÉ.	CONSEILS CONSTITUTIONNELS.	POUVOIRS DE NOMMER AUX PLACES.	DROIT DE NÉGATIVE.
États-Unis...... Kentucky...... → Par des Électeurs.	États-Unis...... Kentucky...... → Quatre ans.	États-Unis...... New-Hampshire.. Massachussetts.. Connecticut...... Rhode-island...... Vermont...... New-Yorck...... New-Jersey...... Kentucky...... Géorgie...... → Illimitée.	États-Unis...... Connecticut...... Rhode-island...... New-Yorck...... Pensylvanie...... Delaware...... Kentucky...... Caroline du Sud.. Géorgie...... Tennessée...... → Point de Conseil constitutionnel.	États-Unis...... New-Hampshire. Massachussetts. Vermont...... New-Yorck...... Pensylvanie...... Delaware...... Maryland...... Kentucky...... → Nomination et droit de fixer les appointemens avec les modifications mentionnées.	États-Unis...... New-Hampshire. Massachussetts...... Vermont...... New-Yorck...... Pensylvanie...... Kentucky...... Géorgie...... → Pouvoir négatif, avec les modifications mentionnées.
New-Hampshire...... Massachussetts. Connecticut...... Rhode-island...... Vermont...... New-Yorck...... Pensylvanie...... Delaware...... Tennessée...... → Par le Peuple.	New-Yorck...... Pensylvanie...... Delaware...... → Trois ans.	Pensylvanie...... → Neuf ans sur douze.	New-Hampshire. Massachussetts.. Vermont...... New-Jersey...... Maryland...... Virginie...... Caroline du Nord. → Conseil.	Connecticut...... Rhode-island...... New-Jersey...... Virginie...... Caroline du Nord. Caroline du Sud.. Géorgie...... Tennessée...... → Point de droit d'accorder aucun appointement important.	Connecticut...... Rhode-island...... New-Jersey...... Delaware...... Maryland...... Virginie...... Caroline du Nord. Caroline du Sud.. Tennessée...... → Point de négative.
New-Jersey...... Maryland...... Virginie...... Caroline du Nord. Caroline du Sud.. Géorgie...... → Par la Législature.	Caroline du Sud.. Géorgie...... Tennessée...... → Deux ans.	Delaware...... Caroline du Nord. → Trois ans sur six.			
	New-Hampshire.. Massachussetts. Connecticut...... Rhode-island...... Vermont...... New-Jersey...... Maryland...... Virginie...... Caroline du Sud.. → Un an.	Maryland...... Virginie...... → Trois ans sur sept.			
		Caroline du Sud.. → Douze ans sur six.			
		Tennessée...... → Six ans sur huit.			

Tome VIII, page 172. No. IV.

[illegible]

ORDRE JUDICIAIRE.

ÉTATS.	MODE DE NOMINATION.	DURÉE DES FONCTIONS.	RÉVOCABLES.	REMARQUES.
ETATS-UNIS.	Par le président, avec l'approbation du sénat.	Aussi long-tems que les juges se conduisent bien.	Par accusation de la chambre des représentans devant le sénat.	Les appointemens ne peuvent être diminués pendant la durée des fonctions.
[N]EW-HAMPSHIRE.	Par le gouverneur et le conseil.	Les juges supérieurs tant qu'ils se conduisent bien. Les juges de paix pour cinq ans.	Par accusation de la chambre des représentans, et sur l'adresse de la législature au gouverneur.	Appointemens fixés par la loi. Conseille le gouverneur.
[M]ASSACHUSSETTS.	Par le gouverneur et le conseil.	Les juges supérieurs tant qu'ils se conduisent bien. Les juges de paix pour sept ans.	Par accusation de la chambre des représentans, et par le gouverneur et le conseil, sur la demande des deux chambres.	Donne son opinion au gouverneur et au conseil dans les occasions solemnelles, et à la législature dans les questions de loi. Prononce sur les divorces.
CONNECTICUT.	Par la législature.	Une année.	Renommé en général tant qu'il peut servir, à moins de mauvaise conduite.	Les cours prononcent sur les divorces.
RHODE-ISLAND.	Par la législature.	Une année.	Renommé en général tant qu'il peut servir, à moins de mauvaise conduite.	Les cours jugent les divorces
VERMONT.	Par le conseil et l'assemblée.	Une année, et moins s'il est nécessaire.	Accusation de l'assemblée, jugés par le gouverneur et le conseil.	
NEW-YORCK.	Par le gouverneur et le conseil de nomination.	Tant qu'ils se conduisent bien.	Ne peut être nommé au-dessus de l'âge de soixante ans.	
NEW-JERSEY.	Par le conseil et l'assemblée.	Cour supérieure, sept ans, — inférieure, cinq ans, } rééligibles.	Accusation de l'assemblée, jugée par le conseil.	
PENSYLVANIE.	Par le gouverneur.	Tant que les juges se conduisent bien.	Le gouverneur peut révoquer sur la demande des deux tiers de chaque chambre, même quand il n'y a pas lieu à accusation.	Les appointemens des juges ne peuvent être diminués tant qu'ils restent en place. Ne peut pas recevoir d'épices, ni occuper aucune autre place lucrative. La cour suprême prend connoissance des divorces et des pensions des veuves. Peut suppléer aux défauts dans les titres, occasionnés par des actes perdus ou distraits. Point de chancellerie.
DELAWARE.	Par le gouverneur.	Tant que les juges se conduisent bien.	Par accusation de la chambre des représentans, prononcée à la majorité des deux tiers. Le gouverneur peut révoquer sur la demande des deux tiers des membres de chaque chambre, dans les cas même où il n'y a pas motif suffisant d'accusation.	Les appointemens ne peuvent être diminués pendant la durée de l'emploi.
MARYLAND.	Par le gouverneur et le conseil.	Tant que les juges se conduisent bien.	Pour mauvaise conduite sur preuve acquise devant un tribunal, et par le gouverneur sur la demande de l'assemblée, à la majorité des deux tiers de chaque chambre.	
KENTUCKY.	Par le gouverneur et le sénat.	Tant que les juges se conduisent bien.	Accusation, ou demande réunie des deux tiers de chaque chambre de la législature.	Les appointemens ne peuvent être diminués pendant la durée de l'emploi.
VIRGINIE.	Par la législature.	Tant que les juges se conduisent bien.	Accusation par la chambre des délégués. La cour des appels juge les officiers de la cour générale, *et vice versa*.	
[C]AROLINE DU NORD.	Par la législature; mais reçoivent leur commission du gouverneur.	Tant que les juges se conduisent bien.	Par accusation de l'assemblée ou grand juré, jugée par un tribunal spécial.	
[C]AROLINE DU SUD.	Par la législature.	Tant que les juges se conduisent bien.	Par accusation de l'assemblée, jugée par le sénat.	Appointemens inaltérables pendant la durée de l'emploi.
GÉORGIE.	Par la législature.	Trois ans. Rééligibles.	Par accusation de l'assemblée, jugée par le sénat.	Appointemens inaltérables pendant la durée de l'emploi.
TENNESSÉE.	Par la législature.	Tant que les juges se conduisent bien.	Par accusation de l'assemblée, jugée par le sénat.	Ne peuvent pas avertir les jurys en matière de fait, mais peuvent appeler leur attention sur les témoignages, et déclarer la loi.
[TE]RRITOIRE NORD-OUEST DE L'OHIO.	Par le président et le sénat des Etats-Unis.	Tant que les juges se conduisent bien.	Par accusation de la chambre des représentans des États-Unis, jugée par le sénat des États-Unis.	Appointemens réglés par le congrès. A quelques pouvoirs législatifs conjointement avec le gouverneur. Doit posséder un bien de 500 acres.

Tome VIII, page 172. N°. V.

MANIÈRE D'ÉLIRE LES MEMBRES DU CONGRÈS DANS CHAQUE ÉTAT.

ETATS.	SÉNATEURS.	REPRÉSENTANS.	
		Leur Distribution et leur Nombre.	Conditions pour leur Élection.
w-Hampshire.	Par résolution séparée des deux chambres; les votes pris au scrutin.	Quatre membres. Choisis dans l'État en général.	Il faut en premier lieu majorité absolue, sinon l'on fait une liste de ceux qui ont réuni le plus de voix, à un nombre double des membres à nommer; et pour le choix dans cette liste la pluralité suffit. Si deux ont un nombre égal de voix, le gouverneur décide par la voie du sort.
ssachussetts.	Par résolution séparée des deux chambres, chaque chambre ayant la négative sur la proposition de l'autre. Les votes pris au scrutin.	Par district. Dans lesquels ils doivent résider. L'État est divisé en autant de districts que de membres, et doit en fournir quatorze.	La majorité est nécessaire, et après un essai, les électeurs doivent choisir dans les deux candidats qui réunissent le plus de voix.
onnecticut.	Par vote distinct de chaque chambre pris au scrutin.	Sept membres pris dans une nomination préliminaire du double faite par le peuple.	La nomination, et le choix ultérieur à la pluralité.
hode-Island.	Par le scrutin des deux chambres réuni.	Deux membres pris dans la totalité de l'État.	La majorité est nécessaire.
Vermont.	D'abord par suffrage séparé des deux chambres; si elles ne peuvent pas être d'accord, par votes réunis: et par scrutin dans les deux cas.	Deux membres choisis chacun dans un district où ils doivent avoir résidence.	La majorité est nécessaire pour le premier essai, la pluralité pour les autres.
New-York.	D'abord par suffrages séparés; s'ils ne sont point d'accord, par scrutin réuni.	Dix membres pris dans autant de districts, sans faire attention au lieu de résidence.	La pluralité suffit.
New-Jersey.	Suffrages réunis; quelquefois au scrutin, et quelquefois à haute voix.	Cinq membres choisis dans la totalité de l'État.	Pluralité.
Pensylvanie.	La manière n'est pas encore déterminée par la loi. Les élections se sont faites jusqu'à présent par résolution séparée, et par suffrage réuni à haute voix. Par la constitution de Pensylvanie, ces élections doivent être faites toujours à haute voix.	Treize membres pour autant de districts, sans faire attention au lieu de résidence. La première élection s'est faite sur tout l'État; la seconde par district; la troisième sur tout l'État; la quatrième par district; la cinquième de même.	Pluralité.
Delaware.	Scrutin réuni.	Un membre.	Pluralité.
Maryland.	Scrutin réuni. L'un des sénateurs doit être de la partie de l'Est, et l'autre de celle de l'Ouest.	Huit membres pour autant de districts.	Pluralité.
Kentucky.	Scrutin réuni; mais les votes pris et examinés dans chaque chambre. La pluralité de leur réunion décide.	Deux membres choisis dans deux districts, où ils doivent avoir résidence.	Pluralité.
Virginie.	Scrutin réuni.	Dix-neuf membres choisis dans autant de districts, où ils doivent avoir résidence.	Pluralité.
aroline du Nord.	Scrutin réuni.	Dix membres choisis dans autant de districts, où ils doivent avoir résidence.	Pluralité.
aroline du Sud.	Scrutin réuni.	Six membres pour autant de districts, sans attention au lieu de résidence.	Pluralité.
Géorgie.	Scrutin réuni.	Deux membres dans la totalité de l'État.	Pluralité.
Tennessée.	Scrutin réuni.	Un membre.	Pluralité.

Tome VIII, page 172. N°. VI.

TARIF DES DROITS

Que payent les Marchandises importées dans les États-Unis, depuis le premier juillet 1797.

MARCHANDISES IMPORTÉES.	Sur DES BATIMENS Américains.	Sur DES BATIMENS étrangers.
A		
ARMES à feu et armes blanches, non autrement spécifiées........	15 p. % de la valeur.	16 ½.
Apparats de philosophie, importés nommément pour l'usage des écoles, etc..................	libre............	libre.
Anisette......................	15 p. % de la valeur.	
Articles produits ou manufacturés dans les États-Unis, à l'exception des liqueurs.................	libres...........	libres.
Ancres......................	10 p. % de la valeur.	11.
Amidon......................	15.... idem.....	16 ½.
Ardoise en pierre et fabriquée.....	15.... idem.....	16 ½
Acier.........................	100 *cents* p. quint.	110.
B		
BIÈRE, ale et porter en caisses ou en bouteilles	8 *cents* p. gallon..	8 ⅘.
— sur la valeur des bouteilles......	10 p. % de la valeur.	11.

MARCHANDISES IMPORTÉES.	Sur DES BATIMENS Américains.	Sur DES BATIMENS étrangers.
Briques et tuiles..................	15 p. % de la valeur.	16 ½.
Bonnets, chapeaux et coëffes de toutes espèces................	15.... idem.....	16 ½.
Bottes.......................	75 *cents* par paire.	82 ½.
Boutons de toutes sortes.........	15 p. % de la valeur.	16 ½.
Boucles de souliers et de jarretières.	15.... idem.....	16 ½.
Brosses..........................	10.... idem.....	11.
Billon, ou argent................	libre	libre.
Batiste.........................	10 p. % de la valeur.	11.
Bas............................	15.... idem.....	16 ½.
Bougies de cire et de baleine.......	6 *cents* pour livre.	6 ⅗.
Bois non travaillé................	libre............	libre.
Bois travaillé (ouvrages d'ébénisterie exceptés).................	12 ½ p. % de la val.	13 ¾.
C		
CANONS de cuivre et autres ouvrages manufacturés en cuivre	15.... idem.....	16 ½.
Carosses ou parties de carosses.....	20.... idem.....	22.
Cartes à jouer..................	25 *cents* par paquet	27 ½.
Cardes pour le coton et la laine....	50 *cents* par douz.	55.
Cables et cordages goudronnés.....	180 *cents* par quint.	198.
Chandelles de suif...............	2 *cents* par livre..	2 ⅕.
Chardons de fer (*spikes*).........	1 *cent* par livre...	1 $\frac{1}{10}$.

MARCHANDISES IMPORTÉES.	Sur des Batimens Américains.	Sur des Batimens étrangers.
Capres	15 p. % de la valeur.	16 ½.
Cannes, badines et fouets	10 .... idem	11.
Canelle, cloux de gérofle, groseille, confitures, etc.	15 .... idem	16 ½.
Chintzco, callicoes, mousseline, et toutes marchandises de coton et de laine en couleur	12 .... idem	13 ¾.
Cacao	2 *cents* pour livre.	2 ⅕.
Chocolat	3 .... idem	3 3/10.
Cosmetics	15 p. % de la valeur.	16 ½.
Charbons	5 *cents* par bushel.	5 ½.
Couleurs	15 p. % de la valeur.	16 ½.
Cuivre travaillé	15 .... idem	16 ½.
— en feuilles, saumons et barres	libre	libre.
Compositions pour les dents et gencives	15 p. % de la valeur.	16 ½.
Café	5 *cents* par livre.	5 ½.
Coton	3 .... idem	3 3/10.
— manufacturé sans teinture, raye ou couleur	10 p. % de la valeur.	11.
Coutelas et couteaux de chasse, entiers ou par pièce	15 .... idem	16 ½.
Chanvre	100 *cents* par quint.	110.
Cuir tanné ou battu, et toutes manufactures de cuir, ou dont le cuir est l'article essentiel, n'étant pas autrement spécifié	15 p. % de la valeur.	16 ½.

MARCHANDISES IMPORTÉES.	Sur des Batimens Américains.	Sur des Batimens étrangers.
Citrons	15 p. % de la valeur.	16 $\frac{1}{2}$.
Clous	2 *cents* par livre	2 $\frac{1}{5}$.
Carton et parchemin	10 p. % de la valeur.	11.
Caractères d'imprimerie	10 .... idem	11.
D		
Dattes et figues	15 .... idem	16 $\frac{1}{2}$.
Drogues (d'apothicaire), excepté celles dont on se sert pour la teinture	15 .... idem	16 $\frac{1}{2}$.
— et bois de teinture	libre	libre.
Dentelle et linon	10 p. % de la valeur.	11.
— cordonnet, franges, crépines, lacets, etc. dont se servent les tapissiers, carrossiers et selliers	15 .... idem	16 $\frac{1}{2}$.
Drêche	10 *cents* par bush.	11.
E		
Ébénisterie	15 p. % de la valeur.	16 $\frac{1}{2}$.
Essences, poudre, pommade, parfumeries	15 .... idem	16 $\frac{1}{2}$.
Éventails entiers ou en pièces	15 .... idem	16 $\frac{1}{2}$.
Étaim fabriqué	15 .... idem	16 $\frac{1}{2}$.
— vieux	libre	libre.

MARCHANDISES

MARCHANDISES IMPORTÉES.	Sur DES BATIMENS Américains.	Sur DES BATIMENS étrangers.
F		
Fleurs artificielles, plumes et autres ornemens pour les dames......	15 p. % de la valeur.	16 $\frac{1}{2}$.
Fil de cuivre, etc.	libre...........	libre.
Fromage....................	7 *cents* par livre..	7 $\frac{7}{10}$.
Faïence.....................	15 p. % de la valeur.	16 $\frac{1}{2}$.
Fruits de toute espèce...........	15..... idem....	16 $\frac{1}{2}$.
Fourrure non travaillée..........	libre...........	libre.
Fil de fer....................	idem...........	idem.
Ficelle......................	400 *cents* par quint.	440.
G		
Gaze........................	10 p. % de la valeur.	11.
Gingembre....................	15.... idem.....	16 $\frac{1}{2}$.
Girandoles entières ou en pièces...	20.... idem.....	22.
Gands et mitaines de toute espèce..	15.... idem.....	16 $\frac{1}{2}$.
Galons d'or et d'argent.........	15.... idem.....	16 $\frac{1}{2}$.
Glu.........................	15.... idem.....	16 $\frac{1}{2}$.
H		
Habits faits..................	10.... idem.....	11.
— livres, fournitures et ustensiles de profession, appartenant aux		

MARCHANDISES IMPORTÉES.	Sur des Batimens Américains.	Sur des Batimens étrangers.
personnes qui viennent pour résider dans les États-Unis........	libre............	libre.
Huile.........................	15 p. % de la valeur.	16 $\frac{1}{2}$.
I		
Indigo.........................	25 *cents* par livre..	27 $\frac{1}{2}$.
Jouaillerie et pierres fausses.......	15 p. % de la valeur.	16 $\frac{1}{2}$.
Jouets d'enfans non autrement spécifiés..........................	10.... idem.....	11.
L		
Livres blancs..................	10.... idem.....	11.
Liqueurs distillées à l'étranger, savoir. *de grains.*		
— première épreuve............	28 *cents* par gall.	30 $\frac{4}{5}$.
— seconde....................	29.... idem.....	31 $\frac{9}{10}$.
— troisième	31.... idem.....	34 $\frac{1}{10}$.
— quatrième..................	34.... idem.....	37 $\frac{2}{5}$.
— cinquième..................	40.... idem.....	44.
— sixième....................	50.... idem.....	55.
D'autres matières.		
— première épreuve.	25.... idem.....	27 $\frac{1}{2}$.
— seconde....................	25.... idem.....	27 $\frac{1}{2}$.
— troisième..................	28.... idem.....	30 $\frac{4}{5}$.

MARCHANDISES IMPORTÉES.	Sur DES BATIMENS Américains.	Sur DES BATIMENS étrangers.
— quatrième épreuve	32 *cents* par gall.	35 $\frac{1}{5}$.
— cinquième	38.... idem	41 $\frac{4}{5}$.
— sixième	46.... idem	50 $\frac{4}{5}$.
Liqueurs distillées dans les États-Unis, importées dans le même vaisseau dans lequel elles ont été exportées des États-Unis, savoir :		
De mélasse.		
— première épreuve	13.... idem	13.
— seconde	14.... idem	14.
— troisième	15.... idem	15.
— quatrième	17.... idem	17.
— cinquième	21.... idem	21.
— sixième	28.... idem	28.
De matières produites des États-Unis.		
— première épreuve	7.... idem	7.
— seconde	8.... idem	8.
— troisième	9.... idem	9.
— quatrième	11.... idem	11.
— cinquième	13.... idem	13.
— sixième	18.... idem	18.

MARCHANDISES IMPORTÉES.	Sur des Batimens Américains.	Sur des Batimens étrangers.
Laine non manufacturée..........	libre............	libre.
Laine filée dégraissée	225 *cents* par quint.	247 ½.
M		
Montres et horloges entières ou en pièces.........................	15 p. % de la valeur.	16 ½.
Marchandises importées directement de la Chine ou des Indes dans des vaisseaux n'appartenant pas aux États-Unis, (excepté le thé, la porcelaine et tous les autres articles sujets à des droits plus élevés).........................	....	12 ½. de la valeur.
— qui seront réexportées dans le même vaisseau dans lequel elles ont été importées	libres...........	libres.
— non particulièrement spécifiées dans ce tarif................	10 p. % de la valeur.	11.
Miroirs.........................	20.... idem.....	22.
Manufactures d'étaim, composition et cuivre.....................	15.... idem.....	16 ½.
— de fer, d'acier ou laiton, non autrement spécifiées...........	15.... idem.....	16 ½.
— de cuir, *idem*.	15.... idem.....	16 ½.
— de plomb, *idem*.............	1 *cent* par livre...	1 $\frac{1}{10}$.

MARCHANDISES IMPORTÉES.	Sur DES BATIMENS Américains.	Sur DES BATIMENS étrangers.
Manufactures de coton ou laine en teinture, raies ou couleurs	12 ½ p. % de la val..	13 ¾.
— D.° sans teinture, etc. etc......	10.... idem.....	11.
Marbre, ardoise et autre pierre, briques, tuiles, tables, mortiers, et autres ustensiles de marbre ou ardoise, et en général tout ouvrage en pierre ou poterie......	15.... idem.....	16 ½.
Macis (sorte d'épicerie)..........	15.... idem.....	16 ½.
Marchandises de mode...........	15.... idem.....	16 ½.
Mélasse.	4 *cents* par gallon.	4 ⅖.
Mousquets et armes à feu avec baïonnettes, entiers ou en pièces	15 p. % de la valeur.	16 ½.
— sans baïonnettes, *idem*........	15.... idem.....	16 ½.
Moutarde en poudre...........	15.... idem.....	16 ½.
Mousseline et mousselinette en teinture, couleur, etc............	12 ½.... idem.....	13 ¾.
— sans teinture, etc.............	10.... idem.....	11.
Muscade......................	15.... idem	16 ½.
O		
ORFÉVRERIE d'or et d'argent.	15.... idem.....	16 ½.
Oranges......................	15.... idem.....	16 ½.
Olives.......................	15.... idem.....	16 ½.

MARCHANDISES IMPORTÉES.	Sur des Batimens Américains.	Sur des Batimens étrangers.
P		
Porcelaine	15 p. % de la valeur.	16 $\frac{1}{2}$.
Poupées pour les enfans	15.... idem	16 $\frac{1}{2}$.
Poudre à canon	10.... idem	11.
— à cheveux	15.... idem	16 $\frac{1}{2}$.
Peaux crues	libres	libres.
Pierre calaminaire	libre	libre.
Plomb et balles à fusil	1 *cent* par livre	1 $\frac{1}{10}$.
Papier peint pour tapisseries	15 p. % de la valeur.	16 $\frac{1}{2}$.
— à écrire et d'enveloppe	10.... idem	11.
— fort	15.... idem	16 $\frac{1}{2}$.
Plâtre de Paris	libre	libre.
Poivre	6 *cents* par livre	6 $\frac{3}{5}$.
Pistolets entiers ou en pièces	15 p. % de la valeur.	16 $\frac{1}{2}$.
Peintures et gravures	10.... idem	11.
Piment	4 *cents* par livre	4 $\frac{2}{5}$.
Pruneaux	15 p. % de la valeur.	16 $\frac{1}{2}$.
Provisions navales	libres	libres.
Pains à cacheter	15 p. % de la valeur.	16 $\frac{1}{2}$.
R		
Raisins	15.... idem	16 $\frac{1}{2}$.

MARCHANDISES IMPORTÉES.	Sur des BATIMENS Américains.	Sur des BATIMENS étrangers.
S		
SEL de Glauber	200 *cents* par quint.	220.
Sel pesant plus de 56 livres par boisseau	12 *cents* par 65 liv.	13 $\frac{1}{5}$.
— pesant 56 livres par boisseau ou moins	12 *cents* par bushel.	13.
Salpêtre	libre	libre.
Selles entières ou en parties	10 p. % de la valeur.	11.
Satin et autres étoffes de soie	10 .... idem	11.
Souliers, escarpins de soie pour femmes	25 *cents* par paire.	27 $\frac{1}{2}$.
— et escarpins pour hommes et femmes	15 .... idem	16 $\frac{1}{2}$.
— pour les enfans	10 .... idem	11.
Sabres, coutelas, entiers ou en partie	15 p. % de la valeur.	16 $\frac{1}{2}$.
Savon	2 *cents* par livre	2 $\frac{1}{5}$.
Soufre	libre	libre.
Sucre brun	2 *cents* par livre	2 $\frac{1}{5}$.
— blanc-gras (*white clayed*)	3 .... idem	3 $\frac{3}{10}$.
— en poudre (*powdered*)	3 .... idem	3 $\frac{3}{10}$.
— tout autre rafiné et en poudre	1 $\frac{1}{2}$ .... idem	1 $\frac{13}{20}$.
— (*Linupengas*)	6 $\frac{1}{2}$ .... idem	7 $\frac{13}{20}$.
— en pains	9 .... idem	9 $\frac{8}{10}$.

MARCHANDISES IMPORTÉES	Sur les Batimens Américains.	Sur les Batimens étrangers.
Sucre rafiné	$6\frac{1}{2}$ *cents* par livre.	7.
— candy	9 .... idem	$9\frac{8}{10}$.
T		
Tapis et nattes	15 p. % de la valeur.	$16\frac{1}{2}$.
Toile à voile	10 .... idem	11.
Tabac en poudre	22 *cents* par livre.	24.
Thé de Chine et des Indes.		
— bohea	12 *cents* par livre.	$17\frac{1}{5}$.
— souchong, autres thés noirs	18 .... idem	27.
— hyswen, impérial, gomé	32 .... idem	50.
— autres thés verds	20 .... idem	30.
Thé venant d'Europe.		
— bohea	14 .... idem	$17\frac{1}{5}$.
— souchong et autres thés noirs	21 .... idem	27.
— hyswen, impérial, gomé	40 .... idem	50.
— autres thés verds	24 .... idem	30.
Thé venant de tout autre endroit.		
— bohea	17 .... idem	$18\frac{7}{10}$.
— souchong et autres thés noirs	27 .... idem	$29\frac{7}{10}$.
— hyswen, impérial, gomé	50 .... idem	55.
— autres thés verds	30 .... idem	33.

MARCHANDISES IMPORTÉES.	Sur DES BATIMENS Américains.	Sur DES BATIMENS étrangers.
Tabac manufacturé (autre qu'en poudre)	10 *cents* par livre..	11.
V		
VERRE.		
— bouteilles noires, contenant un *quart*.	10 p. % de la valeur.	11.
— vitrés....................	15.... idem.....	16 ½.
— toutes autres manufacture de verre	20.... idem.....	22.
Velours....................	10.... idem.....	11.
Vin en barrils, bouteilles ou autres vaisseaux.		
— de Londres, Madère, de première qualité....................	56 *cents* par gallon.	61 3/5.
— Londres, au marché, Madère. .	49.... idem.....	53 9/10.
— autre Madère....................	40.... idem.....	44.
— Bourgogne et Champagne......	40.... idem.....	44.
— Sherry....................	33.... idem.....	36 3/10.
— Saint-Lucar....................	30.... idem.....	33.
— Lisbonne et Opporto..........	25.... idem.....	27 ½.
— Ténériffe, Royal et Malaga....	20.... idem.....	22.
Les droits sur tous les autres vins ne doivent pas excéder 30 *cents* par gallon, dans des vaisseaux		

MARCHANDISES IMPORTÉES.	Sur des Batimens Américains.	Sur des Batimens étrangers.
Américains, et 33 *cents* dans des vaisseaux étrangers, ni être moins de 10 *cents* dans des vaisseaux Américains, et 11 dans des vaisseaux étrangers...............	40 p. % de la valeur.	44.
Sur la valeur des bouteilles........	10.... idem.....	11.
Toutes sortes de fruits confits au vinaigre....................	15.... idem.....	16 ½.
Toutes autres marchandises non autrement spécifiées............	10.... idem.....	11.

Nota. Ce Tarif ayant été traduit de l'anglais, on y a conservé l'ordre des articles qui peut aider à les retrouver sur l'original, quoiqu'il en soit résulté dans le français quelques légères interversions de l'ordre alphabétique.

TABLE
DES MATIÈRES
DES IIIe. ET IVe. PARTIES,
Comprenant les VIe. VIIe. et VIIIe. Tomes.

A.

B

C.

E.

F.

G.

H.

I.

J.

K.

L.

M.

N.

O.

P.

Q.

R.

S.

T.

U.

V.

W.

Y.

Z.

Fin de la Table de la dernière partie.

AVIS.

On renouvelle au Lecteur la prière de vouloir bien corriger à la main les fautes d'impression, et sur-tout celles des noms propres qui étaient difficiles à éviter.

TOME SIXIÈME.

Page 77, *ligne* 5, et le; *mettez* quoiqu'il ne soit pas le.

Page 98, ligne dernière, *exétieure;* mettez *extérieure.*

Page 103, *ligne* 11, villles; *mettez* villes.

Page 105, *ligne* 22, ministre; *mettez* ministere.

Page 133, ligne 9, *Howard;* mettez *Stuard.*

Page 151, *ligne* 14, prises; *mettez* placées.

Page 157, *ligne première*, le creek de *Rock-hall;* mettez *le Rock-creek.*

Page 193, lignes pénultième et dernière, *wiast;* mettez *est.*

Page 197, *ligne antépénultième*, on; *mettez* ont.

TOME SEPTIÈME.

Page 34, *ligne* 7, *après* frères et sœurs, *ajoutez* mariés.

Page 36, *ligne* 6, qui; *mettez* que.

Page 37, *ligne première; au lieu du* point et de la virgule, *mettez une* virgule *simple; et ligne* 3; *au lieu de la* virgule, *mettez* un point et une virgule.

Page 88, *ligne* 15, quelques convulsions; *mettez au singulier* quelque convulsion.

Page 108, *ligne antépénultième, après* usage; *mettez*

un point et une virgule; *et après* session, *mettez* une virgule *simple*.

Page 125, *ligne antépultième*, *après* qu'ils, *ajoutez* seront.

La page 127 *est par erreur marquée* 227, et la 154, *l'a été* 254; *cela est à rectifier*.

Page 251, *ligne* 5, *rayez* neuf.

Page 264, *ligne* 5, *après* 1789; *au lieu du* point, *mettez une simple* virgule; *et commencez le mot suivant par une petite* l.

Page 297, *ligne* 4, force toujours le droit à plier; *mettez* tient le plus souvent lieu de droit.

Page 312, *ligne* 9, plus était; *mettez* était plus.

TOME HUITIÈME.

Page 4, *ligne* 22, elles ont bien été interdites, *mettez* l'esprit public les avait bien fait interdire.

Page 6, *ligne* 17, et plus à résolution de travail; *mettez* mais un plus grand nombre de la classe laborieuse.

Page 7, *ligne* 18, *après* ils; *ajoutez* en.

Page 12, *ligne* 24, *après* et, *ajoutez* qu'elle.

Page 25, *ligne* 3, l'agitation; *mettez* les troubles.

Page 27, *ligne* 24, qu'ils; *mettez* qui.

Page 33, *ligne* 17, *après* loi; *au lieu de la* virgule, *mettez* un point et une virgule.

Page 39, *ligne première*, la guerre d'Europe, *mettez* la situation de l'Europe.

Même page, *ligne* 2 et 3, *rayez* et trompeuses.

Même page, *ligne* 24, *après* aussi; *au lieu de la* virgule, *mettez* un point et une virgule.

Page 41; *ligne* 20, *après* Amérique; *mettez* une virgule.

Page 42, *ligne* 11, usurpateurs, *mettez* usurpatrices.

Et à la ligne suivante, ils; *mettez* elles.

Page 45, *ligne* 13, d'avoir; *mettez* d'obtenir.

Même page, *ligne* 21; *après* qui, *mettez* une virgule; — *après* Etats, mettez une *autre* virgule; *et au lieu de* limitent, *mettez* limite.

Page 46, *ligne* 15 *et* 16, remplis, *mettez* chargés.

Page 50, *lignes* 13 *et* 14; *rayez* dans leur propriété.

Page 53, *ligne* 20, par fois; *mettez* quelquefois.

La page suivante est mal-à-propos nnmérotée 56, *mettez* 54.

Page 60, *lignes* 21 *et* 22, *rayez* au congrès.

Page 64, *ligne pénultième*; *après* ou, *ajoutez* autres; *et après* officiers, *rayez* subalternes.

Page 66, *ligne* 23; *après* Wiskey, *mettez* un point et une virgule; *et ligne* 24, *après* vinaigre, *mettez une* simple *virgule*.

Page 67, *ligne* 22, *au lieu de* pour leur engagement, *mettez* en le contractant.

Page 77, *ligne* 26, 27 *et* 28; *au lieu de* les subsides, en vertu du traité fait par eux avec les États-Unis, ou les présens que leur fait l'Union; *mettez* les présens que leur fait l'Union, ou les subsides qui leur sont dûs en vertu du traité fait avec eux par les États-Unis.

Page 79, *ligne* 12, hôpital; *mettez* hôpitaux.

Page 80, *ligne antépénultième*, mise; *mettez* employée.

Page 99, *ligne* 16, quand; *mettez* quant; *et ligne* 24, *au lieu de* accompagnés, *mettez* accompagnée.

Page 100, *ligne* 9; *après* et, *mettez* elle; *et au lieu de* triomphera, *mettez* triompherait.

Page 101, *ligne pénultième* assurera; *mettez* assureront.

Page 103, *ligne* 12, 1793; *mettez* 1795.

Page 105, *ligne* 13; *au lieu de* position, *mettez* intention, la même.

Page 111, *ligne* 21, *au lieu de* que cette progression, *mettez* qu'elle.

Page 113, *ligne* 9; cinquantième; *mettez* deux centième.

Page 145, *ligne dernière*, preferé; *mettez* préférablement.

Page 148, *ligne* 22, aux; *mettez* elles.

Page 150, *ligne* 10, presbitérisme; *mettez* presbitérianisme. *Ligne* 11, l'exerce; *mettez* les exerce; *Ou bien dans cette ligne et la suivante; au lieu de* il ne l'exerce que par et pour la forme, *mettez* les croyans ne sont pas plus multipliés qu'ailleurs.

Page 155, *ligne* 17, *après* Europe, *mettez* un point et une virgule; *et ligne* 23, *après* pure, *mettez* deux points.

Page 157, *ligne* 3, leur, *mettez* sa; *et ligne* 7, Américains nés, *mettez* natifs Américains.

Page 159, *ligne* 25, Ils; *mettez* Elles; *et ligne* 26, après, *mettez* chez.

Page 160, *ligne* 7, *au lieu de* très-bien, *mettez* bien et souvent.

Page 162, *lignes* 22 *et* 23, *après* vu, *et après* Amérique, *ôtez* les virgules.

Page 163, *ligne* 11, la, *mettez* le.

Page 164, *ligne* 25, eù; *mettez* où.

Page 172, à la fin de l'annonce des Tableaux, après *ministre des Etats-Unis*, ajoutez *en Portugal*.

FIN.

www.ingramcontent.com/pod-product-compliance
Ingram Content Group UK Ltd.
Pitfield, Milton Keynes, MK11 3LW, UK
UKHW020315230726
13925UKWH00002B/430

9 782019 223410